これからの
シェアハウス
ビジネス

地域活性化で日本再生！

共著 **三浦　展**（あつし）
一般社団法人 **日本シェアハウス協会**

はじめに

　これからは「シェアハウスの時代」です。私はそう確信しています。

　私とシェアハウスとの出会いは、10数年前までさかのぼります。当時はまだシェアハウスという言葉はなく、「ゲストハウス」と呼ばれていました。
　私は建築学科の出身です。そのためかねてから、日本の社会的なリスクのうち最大のものは、「地震」と「超高齢化」だと考えていました。そこで、1989年には民間としては初の地震対策のための団体「民間地震対策研究会」を立ち上げました。また、介護保険制度がスタートした2000年には日本初の介護専門のコンサルタント会社を設立、介護施設の普及や仕組み作りにも取り組みました。
　すると今度は、プロデュースした介護施設に入居される予定のお年寄りから、空き家となる自宅の活用について相談を受けるようになりました。なかには、年金だけでは費用が足りず介護施設に入れないという方もいらっしゃって、自宅を有効活用することがどうしても必要だったのです。介護事業を通じて「自宅の空き家問題」に直面していたといえます。
　そうしたなかで私は、自宅の維持・活用と老後の生活費や介護・医療費などを捻出するために、空き家となる自宅をゲストハウス（シェアハウス）として活用することを考案しました（詳細は本文に

紹介させていただいています)。今後、このような「老後の住み替え」による住宅活用のニーズはますます増えていくことでしょう。

　私が、これからは「シェアハウスの時代」だという理由は、これだけではありません。

　日本は、これまでだれも経験したことのない「超高齢社会」に突入しました。今後、「人口減少」により国内経済市場は確実に縮小していきます。新規産業は出尽くした感があり、一時的なヒット商品は生まれても、新たな「雇用」や大きな「国内消費」を生み出すような新規産業は誕生しにくくなりました。最近は、「ベンチャー」という言葉を耳にすることもまれです。北欧諸国と同じ「成熟社会」に入ったのです。従来の高成長路線中心の政治はもちろん、経済活動や働き方、そして我々の価値観さえも変化せざるをえません。

　そうしたなか、これからのわが国で確実に成長すると期待されている分野が、「ソーシャル(地域応援)ビジネス」です。そして、「シェアハウス事業」は、まさにソーシャルビジネスなのです。

　私たちは、シェアハウスを「地域応援事業拠点」として、そこから様々な仕事を生み出す仕組みづくりを始めています。シェアハウスは、一般の賃貸住宅と異なりコミュニティを創出しやすく、また、地域参加・応援などといったコンセプトとも相性がいいのです。

　本書のサブタイトルにあるとおり、地域の活性化は、日本を再生

する手法の一つになると確信しています。安心できる「住まい」と心のビタミンである「コミュニティ」の構築は、これからの日本にとって、ますます重要になります。

　そのような環境を背景に、シェアハウスに対する社会的な関心は、年々強まっています。関連する書籍も、複数出版されました。ただしその大半は、デザインやコンセプトの紹介、運営事業者の紹介を中心としたものです。「自宅を活用したい」「シェアハウスで起業したい」などというように、シェアハウス事業へ参入したいと考えている人にとって、参考となるような書籍はほとんどないのが実状です。
　そこで本書は、事業化する上で参考になるノウハウを、可能な限り数多く紹介させていただきました。

　繰り返します。これからは「シェアハウス」の時代です。
　本書を参考に、より多くの方が素晴らしいシェアハウスを開設されれば、これほど嬉しいことはありません。

　　　　　　　　　　　　　　　　　　平成26年7月
　　　　　　　　　　　　　　　一般社団法人日本シェアハウス協会
　　　　　　　　　　　　　　　　　代表理事　山本久雄

contents

はじめに ……………………………………………………… 1

第一章　なぜ「シェアハウス」が注目されるのか …… 11
1. 世界最速の超高齢社会化 ………………………… 12
2. 新たなコミュニティ型住居が必要 ……………… 15
3. 自宅の活用で老後の収入確保へ ………………… 18
4. 大増税時代！　その対策は？ …………………… 19
5. シェアハウスで耐震化促進 ……………………… 21
6. 地域に新たな「縁」を創る ……………………… 23
7. 居住者が地域の消費にも貢献 …………………… 25
8. 経済的でECOな暮らし …………………………… 26
9. 地域の環境で進化する …………………………… 28
10. 雇用社会から起業社会へ ………………………… 28
11. 一般賃貸住宅と収益性の違い …………………… 31

第二章　シェアハウス市場の現状 ………………………… 33
1. 自社紹介と取組の経緯 …………………………… 34
2. 市場動向　過去〜現在〜今後 …………………… 36
3. 供給分析（シェアハウスのタイプ、個室数）… 38
4. 入居者分析（性別、年齢、就業形態、職業）… 44
5. シェアハウス業界の将来性 ……………………… 48

contents

第三章　一般社団法人 日本シェアハウス協会とは …… 51

1. 日本初の業界法人団体設立の背景 ……………… 52
2. 組織体制 …………………………………………… 54
3. 推進事業 …………………………………………… 55
4. 当協会の自主基準の概要 ………………………… 58
5. 全国展開スタート ………………………………… 62

第四章　シェアハウス事業者の紹介 …………… 71

1. ホワイトハウス桜台（東京都練馬区）
　事業者　所有者個人　M様 ……………………………… 72
2. シェアハウスK（神奈川県厚木市）
　事業者　神奈川県県央支部長　株式会社小島組様 ……… 73
3. シェアヴィレッジ川崎（神奈川県川崎市）
　事業者　理事・大田区支部長　株式会社メイショウエステート様 … 76
4. コレントハウス元住吉（神奈川県川崎市）
　事業者　理事　株式会社コレント様 ……………………… 79
5. アサンブラージュ（神奈川県横須賀市）
　事業者　横須賀・三浦支部長　有限会社神田屋本店様 … 81
6. TABERU鷺ノ宮（東京都中野区）
　事業者　中野区支部長　明成建設工業株式会社様 ……… 84
7. Ｃｏｓｍｏｓ駒沢（東京都世田谷区）
　事業者　世田谷区支部長　コスモ・インタープラン株式会社 … 88
8. プリエ阿佐ヶ谷（東京都杉並区）
　事業者　町田市支部長　有限会社ランドマスター様 …… 91

第五章　「脱法ハウス」問題と国の規制 ……… 95

1. 「脱法ハウス」問題と新たな規制を作る建築行政 …… 96
2. 過度な規制及び改善指導は、空き家活用の道を閉ざす …… 97
3. 「麻布十番事件」発生！　空きマンション活用の危機 …… 98
4. 当協会登録ハウス第一号「ホワイトハウス桜台」誕生 …… 99
5. 国の判断で「空き家・空き室」の
   シェアハウス化が可能へ ……………………………… 101
6. 新たな「脱法ハウス」を生む危険性 ……………… 103
7. 社会の変化に即した「空き家・空き室」対策 …… 103
8. 議員立法で「新法」を目指す ……………………… 105

第六章　これからの「シェアハウス」 …………… 107

1. 新築シェアハウス普及の時代へ …………………… 108
2. 事業リスクと将来性 ………………………………… 110
3. シェアハウスは賃貸業ではなく、「サービス業」 … 110

第七章　シェアハウス事業への"参入"のすすめ
　　　　　………………………………………………… 125

1. 不動産賃貸業界のからの「参入メリット」 ……… 126
2. 不動産分譲及び投資業界からの「参入メリット」 … 128
3. 建設・住宅業界からの「参入メリット」 ………… 129
4. 介護業界からの「参入メリット」 ………………… 131

contents

第八章　シェアハウス事業「起業」のポイント …… 135

1. 立地及び環境 …………………………………………… 136
2. 自宅を活用する「ホームシェア」 …………………… 138
3. 空室の多い賃貸アパート・マンションの再生 ……… 139
4. 地元の不動産・介護・医療業者とのネットワークづくり … 141
5. シェアハウスのノウハウは一般賃貸でも活用 ……… 144

第九章　ワークシェアから地域貢献型の雇用創造へ
　………………………………………………………………… 147

1. ワークシェアシステム ………………………………… 148
2. ワークシェアのための掃除研修 ……………………… 149
3. 「掃除っておもしろい!!」という受講生の声 ………… 153
4. 居住のシェアから、家事のシェアへ ………………… 156
5. 家事代行サービスの将来性 …………………………… 158
6. ワークスシステム（地域貢献型家事代行サービス）の
　　全国展開スタート ……………………………………… 161

第十章　高齢者の自宅の活用
　　　　　～収入と節税対策のすすめ～ ……………… 165

1. 高齢者の自宅に潜む問題 ……………………………… 166
2. 問題点を整理する ……………………………………… 166
3. 対応策 …………………………………………………… 170
4. 自宅の賃貸化──定期借家のすすめ ………………… 171

　　　　　5. 自宅賃貸化で土地の課税対象額が大幅に減少 **173**

第十一章　シェア事業で地域の活性化
　　　　　そして日本再生 **177**

　　　　　1. これからはソーシャルビジネス（地域応援）の時代 **178**
　　　　　2. 日本の最大のリスクは「大地震」 **179**
　　　　　3. 人口減少で都市圏でも始まるコンパクトシティ化 **180**
　　　　　4. 高齢者が「若者を応援」する発想が必要 **181**
　　　　　5. 団塊世代の皆様、立ち上がろう！ **182**
　　　　　6. シェアハウスで、日本再生 **183**

これからの日本にはシェアハウスが必要だ　三浦　展
　　　　　.. **185**

・これからの日本社会の変化 **186**
・これからの100年で人口は3分の1、
　生産年齢人口は毎年100万人減少 **188**
・超・超・超高齢社会化 **189**
・70歳代まで働き、高齢者が若者を支え、みんながシェアする社会へ
　.. **190**
・中高年未婚者の増加 **192**
・パラサイトシングルは郊外に多い **194**
・シェアハウスの普及進む **195**
・働く30歳代女性のための住宅を提供したシェアハウス **196**
・シェアハウスのメリット **199**

contents

・シェアハウスからシェア的ライフスタイル、
　シェア社会、「新しい公共」へ ·· 200
・子育てしながら働ける住まいが求められる ············· 202
・住宅地に飲食、文化、癒しの場所　──松庵文庫── ············ 203
・自分の能力をシェアする　──UR井野団地── ························· 204
・賃貸マンションもコミュニティになる
　──メゾン青樹・ロイヤルアネックス── ································ 205

おわりに ··· 208

第一章
なぜ「シェアハウス」が注目されるのか

（一社）日本シェアハウス協会代表理事
シェアプロデュース株式会社代表
山本久雄

1．世界最速の超高齢社会化

　日本は、あと十数年で高齢化率30％という超高齢社会に入ります。人生90年が当たり前の、世界一の長寿国家になるのです。どこへ行ってもお年寄りだらけの世の中となることでしょう。
　高齢化の進展は、地方圏のほうが顕著です。高齢化と人口減少の進む一部の地域においては、住まいを中心市街地に集める居住地域の再編成事業——コンパクトシティ化事業——が始まっています。これにより、郊外にはますます「空き家」が増え続けることとなります。
　都市部といえども安心してはいられません。特に都市部近郊において、若い世代が家を出てしまった結果として、高齢者世帯が増えています。いずれ高齢者も、介護の必要性などから他の地域へと移り住み、「空き家」が増加し続けていくことになるのです（詳しくはこの本の共著者である三浦先生の著書『データでわかる2030年の日本』に詳しく紹介されていますのでご参照ください）。
　「空き家問題」は、現在の日本がかかえる最大の社会問題の一つです。国や行政が対策に頭を痛めている重要な課題でもあり、さらに住宅問題に取り組む人間として私たち民間人も、避けて通れないテーマです。

　介護の分野に目を転じると、今後、大型介護施設はつくられなくなるでしょう。社会保障費の増大を抑止する必要があるからです。「在宅医療」そして「在宅介護」の時代がくるのです。
　この問題には、「空き家」の活用で、ある程度対応できます。「空

き家」を、訪問看護・介護やデイサービス、さらにはこれから重要となる介護予防や健康増進のための小型施設に転用するのです。そうした施設が、高齢者が多い住宅地の中にできることで、緊急時の対応なども大変やりやすくなります。

　しかし、一つ問題があります。「建築基準法」というハードルが横たわっているのです。建物の用途を住宅から変更しようとする場合に、同法の規制を受けることになります。現在、100㎡未満の規模であれば、用途変更手続きは不要です。ただしその程度の規模では、事業採算の悪い小型デイサービス施設しかつくれません。

　一方で最近は、大型住宅の空き家も増えています。私は、そうした大型住宅を活用し、複合拠点をつくりたいと考えています。1階に介護予防施設や健康増進施設、地域の家事代行拠点や子育て支援拠点をつくり、そして2階を介護職員やいろいろな業種の方々が集う「シェアハウス」とするのです。ただし、既存住宅の活用には、やはり様々な規制があります。時代の変化に法律がついていけておらず、むしろ足を引っ張っている状況だといえます。

　私は、介護事業のコンサルタント時代、既存住宅をデイサービス施設に再生活用し、開業したことがあります。わが国初の試みで、「これからの空き家活用の事例」として、マスコミにも大きく取り上げられました。ところが地域住民から、役所に「建築基準法違反だ」と抗議がいく事態となってしまいました。結局、地域の方に理解していただくのにかなりの時間が必要だったのです。それが今では、同施設は利用希望者の行列ができるほどの、地域になくてはならない在宅介護支援施設になっています。

　この事例のように、法律が「社会の変化」についていけず、地域に必要とされるインフラ整備の妨げになるケースも少なくありませ

ん。私たちのシェアハウス事業も同様に、規制に絡む様々な問題が起きています。その一方で国も地方行政も、空き家活用はこれからの社会において大事な取組の一つと位置づけてもいます。ただ、新たな時代の事業に、法的な整備が追い付いていない……昔からそうですし、今もその繰り返しなのです。

　超高齢社会へと世の中が大きく変化したわけですから、本来、法律（規制）も変化するべきです。農業分野や医療分野など、ほかの分野に目を転じても、民間参入に対する規制は相変わらず強く、なかなか仕組みを変えようとしない国の対応にはあきれるばかりです。政治が悪い？　はたまた利権絡みの官僚が悪い？
　現在ご縁のある国会議員の皆様のお力をお借りして、議員立法による「新法立案」も検討しています。私たち「日本シェアハウス協会」は、社会の公益を考えています。国民の皆様の賛同を得られる自主基準を作り、時には行政庁と議論を交わしながら事業を進めていきます。世のため人のためになる話です。まずは普及させ、国民の皆様の支持を得られれば、それがいずれスタンダードになるはずです。

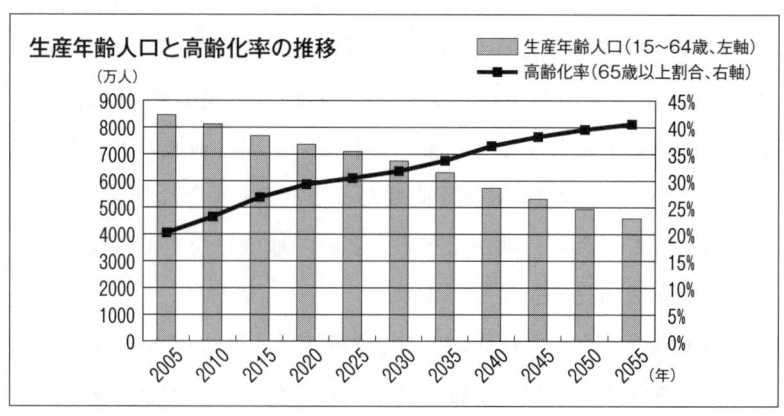

2．新たなコミュニティ型住居が必要

　女性の一人暮らしが年々増えています。女性の社会進出、若者の晩婚化と未婚化、離婚の増加などが主な要因です。それに伴い、もちろん男性の一人暮らしも増えています。

　日本人の平均年収は、14年連続で下落しています。都心部に比べ地方の状況はさらに厳しく、就労の機会を求めて都市部へ流出する人口は、増加し続けています。

　独身の男性や女性は一般的に、賃貸のワンルームマンションなどといった単身者用住宅に入居します。ところがそうした住宅は、敷金、礼金、仲介料、家具家電など入居時の初期負担金が少なくありません。そこで、初期負担が少なくて済むシェアハウスが人気を集めている、という状況があります。

　また、すでに賃貸物件に居住している方にとっても、家賃等の生活費の負担が大変だという理由で、より安価な賃貸住宅への住み替えが始まっています。ただしその場合にも、敷金、礼金、仲介手数料、引越し費用など、新たな費用がかかります。

　そうしたなかで、ことに女性を中心に、住んでいる賃貸住宅の契約更新の時期が到来したところで、シェアハウスへ転居されるケースが増えています。今後、物価上昇、消費税増税など、消費者の負担はあきらかに増加していきます。それにもかかわらず、収入はなかなか上がりません。シェアハウスへのニーズは確実に増えていきます。そのため、供給も増やす必要があるのです。

シェアハウスは、なぜ（女性を中心に）人気なのか？

比較事項 家賃想定例	一般賃貸住宅 ワンルーム　家賃 7万円	シェアハウス 個室家賃　6万円
契約期間	2年毎の更新・更新料	(3・6・10)ヶ月の定期借家契約
敷金　2ヶ月分	14万円	デポジット　3万円
礼金　1ヶ月分	7万円	無し
仲介料　1ヶ月分	7万円	ネット応募の場合　無し
連帯保証人	保証会社　2万円	無し
共用部兼個室内の家具 家電カーテン他	10～15万円	共用部には家具・家電が設置済み
合　計	40万円～45万円	10万円
入居後		
共益費＋水光熱費	1.5万円～2万円／月　変動	1万円～1.3万円／月　固定
生活費 飲食・消耗品	5万円／月	共同購入　3万円／月
更新料（2年分の月額）	約3千円	無し
合　計	6.8万円～7.3万円／月	4万円～4.3万円／月

　これまで、単身者の住まいというと、ワンルームの賃貸物件が中心でした。入居者間のコミュニティはほとんどなく、生活ルールを守らない居住者もいることから、近隣からも敬遠されがちでした。各地の行政は、問題が起きるたびごとに、厳しいワンルーム規制をつくっています。

　しかし、当協会の会員事業者のシェアハウスは、管理もきちんとしており、近隣とトラブルを起こしたという話は聞きません。なぜなら、シェアハウスで共同生活を送るためには、ゴミの管理や生活時間などに関するルールを守る必要があります。自堕落な生活態度ではうまくいくはずがありません。そうした姿勢が、近隣への配慮にもつながっているのです。吠えるペットがいる、あるいは育ち盛りの元気なお子様がいるご家庭よりも、むしろシェアハウスの居住者のほうが、静かな暮らしをしている例も多いのです。住宅地の中にあっても、通常の住宅となんら変わりがありません。

また、庭でバーベキューパーティなどを開催する際に近隣にも参加を呼びかけ、地域の居住者と楽しくお付き合いしているシェアハウスもあります。これが同じ単身者向け住まいであっても、ワンルーム賃貸と大きく異なる点です。

　シェアハウスの住人は、本来他人同士ですが、一つ屋根の下で暮らす新たな「家族」だともいえます。そうしたコミュニティが、東日本大震災以降は特に、一人暮らしの人の安心感にもつながっています。

シェアハウスでは誕生会等様々なパーティで交流を深めています

「多世代・多国籍」の大人のシェアハウス

3．自宅の活用で老後の収入確保へ

　マスコミなどで報道されているように、わが国の年金、医療、介護の社会保障費用は、90兆円に達しています。高齢化の進展にともない、2025年には150兆円になると想定されています。仮にこの財源を消費税で確保しようとすると、税率はなんと40％にする必要があるそうです。これはさすがに、現実的な話ではないでしょう。

　また、高度成長時代につくられた全国の社会インフラ（橋、高速道路、上下水道など）の老朽化対策で、今後200兆円規模の費用がかかるそうです。

　つまり日本は国民もインフラも高齢化し、その対策にますますお金が掛かる社会になっていくのです。それでも税収の伸びは期待できません。優先順位をつけて支出先を決めるにしても、国の負担を軽減し、国民個々人に負担させる政策につながっていくことは確実です。

　そうしたなか対策として考えられるのは、「自宅」を活用して年金にプラスの収入を得ることです。たとえば、料理が得意な方や、いろいろな趣味のある方であれば、自宅に「カフェ」や「工房」、「教室」などを開くこともできます。ただし、誰にでもできるわけではありません。飲食店の場合は、建築法規や保険所の許可など手続きも大変です。また、自宅程度の規模では、それほど多くの収入を期待することもできないでしょう。あくまで老後の生き甲斐づくりや、趣味といったところです。

　生活費や、医療、介護など老後のための資金を捻出したい方が、

特別な資格や経験がなくてもできるのは、やはりシェアハウスです。ご自身は他へ移り、自宅をシェアハウスとして賃貸にすることも考えられます。また、自宅に住みながら、現在空いている部屋を人に貸す（私たちは「ホームシェア」と呼んでいます）ことは、それほど難しくないはずです。耐震補強工事に多額の費用を要するような老朽化した住宅でなければ、お店を開業するのに比較して投資額が少なくてすみます。

　私たちは、オーナーが居住しながら空き部屋を貸す形式を「平成の下宿事業」と呼んでいます。家賃収入はもちろん、いい人に入居してもらえれば、世代間交流も可能です。ご高齢のオーナーであっても、日々の生活が明るくなりますし、時にはオーナー主催のバーベキューパーティや鍋パーティなどで、入居者と賑やかに過ごすこともできます。老後の励みにもなることでしょう。私もよく、そうした会を企画したり、呼んでいただいたりしています。その際に私は、「オーナーは家賃が入るのですから、いいお肉をお願いします。管理会社はお酒をお願いします。そしてお客様である入居者は、野菜と笑顔をお願いします」と申し上げています。

　高齢者にとって、頑張る若い方々を「住まいで応援」することは、生き甲斐にもつながるのではないでしょうか。

4．大増税時代！　その対策は？

　自宅全体でも個室でも、人に貸すことで家賃収入が入るのであれば、オーナーは「個人事業者」になります。当然、「確定申告」が

必要で、そこで課税されることになります。またその際に、収入を得るためにかかる費用を、必要経費（改修工事や募集広告宣伝費、固定資産税の一部など）として計上することができます。

　貸室の規模にもよりますが、かえって節税につながることもあるかもしれません。つまり現役でお仕事をされている方の場合、給料収入＋家賃で合算して計算されますので、もし家賃収入が税務上赤字（家賃－必要経費＝損出）であれば、損益通算で給料から天引きされている税金が、確定申告で返金されることになります。

　決して節税目的でシェアハウスをお勧めはしませんが、税務的にはそうなるというお話です。相続税法が改正されたことにより、資産評価の高い自宅をお持ちの方は、相続の際の税負担がいっそう大変になります。もし、お子様がすでに他で所帯を持ち、将来、自宅に誰も住んでくれないのであれば、結局は空き家になってしまいます。さらに、立地条件などにより簡単に売却できない場合には、相続税を払い、草刈などの空き家の管理をしながら、固定資産税を払い続けるといった事態にもなりかねません。

　また、土地の固定資産税は、住宅用地として使用している場合、200㎡までは本来の６分の１に軽減されています。それを、住宅が空き家になった時点で６倍（これが元々の税金）に戻そうという議論もされています。将来的には空き家対策としてそうした措置がとられるかもしれません。いずれにしても、「空き家」を維持するためには、大きな負担を強いられるのです。

　そうした背景もあり、自宅を活用したいという相談は、年々増えています。まず、私たちが提案しているのは、相続が心配な方は、現金を減らすことが一番手っ取り早い節税になりますよ、ということです。自宅をシェアハウスやホームシェアとして活用するために

は、耐震工事や改修、模様替え、そして家具や家電の用意などといった開業費が必要になります。その開業費として、金融機関に預けている現預金を活用することで、相続対象の資産を減らすことができるのです。

それに現金は、金融機関に預けていてもほとんど利子がつきません。シェアハウス化で入る「家賃収入」を利子と考えれば、実はそのほうがよっぽど高利回りになるのです。現預金を減らす効果と家賃収入により、老後の生活費が捻出できます。相続が発生した場合にも、家賃収入があれば、お子様たちに分配することも可能でしょう。何より「空き家」のまま相続し、維持管理費や固定資産税などの負担を強いられるより、お子様たちからはるかに喜ばれることになるのです。

5．シェアハウスで耐震化促進

日本は、世界有数の地震列島です。都市を壊滅させた「阪神・淡路大震災」、津波の恐ろしさを改めて実感させ、未だに復興が完了していない「東日本大震災」など、記憶に新しいところです。

また、今後発生する可能性が高いとして最大レベルの警戒が行われているのが、「首都直下型大地震」です。発生すれば、被害は阪神・淡路大震災の５倍に上ると想定されています。さらに、東日本大震災の３倍の被害が想定されている「東海・東南海・南海」の超巨大地震も心配です。日本は、いつ、どこで大震災が発生してもおかしくないのです。

そんな状況にもかかわらず、都市の耐震化促進は、特に個人住宅の場合なかなか進展していません。もちろん、個人住宅の耐震化は、原則として自己責任です。それでも、震災発生で住まいが全半壊したとすると、今度は仮設住宅や見舞金などで、国や行政の負担も膨大になり、結局これも国民の税金でまかなわれるのです。
　現在は、住宅や共同住宅などの簡易耐震診断が無料で受けられる制度が全国にあり、診断実施件数は増えています。問題は「耐震補強」の実施率が、診断数に比例して増えていない点にあります。
　耐震診断の対象建物は老朽化しています。ということは、所有者も高齢者が多いのです。将来の地震も心配ですが、目の前には日々の生活と老後の不安が立ちふさがっています。一方で、地震はいつ起きるのかわからないため、現状、自宅を耐震化するために多額の出費をする決断ができないのです。地震の不安より「老後の不安」が勝っているということです。
　そうしたなかで、自宅や空き部屋を人に貸すことになれば、家賃収入が入り、余裕が生まれます。また、人に貸す以上は建物を丈夫にしなければ、万が一の場合、賃借人も巻き添えにしてしまいます。そのため所有者は、耐震化の決断がしやすくなるのです。
　これまでの経験から、私たちはこの「貸す＝家賃収入」が、住宅の耐震化の促進に極めて有効な方法であると断言します。
　また、耐震化の促進が急務だということは、住宅に限った話ではなく、老朽化した賃貸アパートやマンションにおいても同様です。被災した場合、一般の個人住宅が全壊するよりも、多くの人が暮らす賃貸住宅が全半壊した場合のほうが、多数の被災者を出してしまうのです。ですから老朽賃貸住宅の耐震化は、極めて重要な地震対策の一つなのです。

私たちは、民間事業として耐震化の促進に貢献できていると考えています。今後も耐震化の促進は提案し続けてまいります。
　ここで、行政の人たちにご提案します。もし私たちの取組と連携すれば、耐震化は加速度的に促進されると思います。是非、連携しませんか？

6．地域に新たな「縁」を創る

　「東日本大震災」や、さまざまな自然災害を経験し、私たちは、地域の「縁」の大切さを強く感じました。近年は、日本において「縁」「絆」が大きなキーワードになっています。
　都会暮らしはかつて、「隣は何をする人ぞ」などと表現されましたが、それも最近は、徐々に変わりつつあります。そうしたなかで、シェアハウスはまさに「縁」をつくり、そして応援しあう「つながり」をつくることのできる事業として、評価が高まっています。特に東日本大震災の後、首都圏では女性を中心に入居希望者が増えているというのは、そうした変化の表れだと思います。実際、入居希望者にお話をうかがうと、入居を考えた理由として「安心感」を挙げられる方が少なくありません。
　また今後は、高齢者が住みたくなるようなシェアハウスも必要だと考えています。上げ膳据え膳の老人ホームや、老後の住まいの切り札として登場した「サービス付き高齢者賃貸住宅」にも満足しないような元気な高齢者が対象です。
　私たちは、2014年1月、吉祥寺に「多世代共生型シェアハウス」

を開設しました。新聞やテレビなどマスコミ各社に大きく取り上げていただき、今後の普及にさらに弾みがつきました。もちろん、シェアハウスの生活が、高齢者にとってベストだとは申しません。それでも、今までは高齢者だけが集められた住まいしか選択肢がなかったところに、多世代と共生できる新たな選択肢としてシェアハウスができたのだとお考えいただければと思います。ご自身の人生観やライフスタイルで、いろいろな老後の住まいを選べるのは、とてもいいことだと思います。

　また、一方で、日本の若い方々のおかれた厳しい経済環境は、そう簡単には解決しないでしょう。「非正規」「派遣」「フリーランス」などといった働き方の拡大。そして低所得化が続き未婚者が増加するなど、若者を取り巻く環境は厳しさを増すばかりです。ただ「頑張れ」とはっぱをかけてみたり、「意欲がないからだ」などと嘆いてみたりしたところで無意味です。個人の意識の問題で片付けることはできないのです。

　人の暮らしには、「衣・食・住」が重要といわれてきました。これからは「医・職・住」が問題になります。世界に誇れる国民皆保険制度もどんどん個人負担が増えてきますし、何より健康保険証を持つことができない若者が増えているのが現状です。そんな厳しい環境のなかで、シェアハウスが広がれば、少なくとも「住」の問題は、かなり解決できると考えています。
　共同生活を通じて仲間ができて、目的の共有ができれば、入居者同士や地域社会との「縁」をつくり、「起業」することも可能になるかもしれません（実例は改めて紹介します）。つまり、一人ではなか

なか難しいことも、一緒に暮らす仲間や、私たちの少しの応援で、頑張り続けることができるようになるのです。そうしたこともあり、やる気のある優秀な若者たちの間で、シェアハウス人気が高いのです。

7．居住者が地域の消費にも貢献

　女性から見た場合、シェアハウスの魅力の一つが「厨房」です。単身女性の自炊率は70％といわれていますが、一人暮らしでは満足のいくキッチンを持つことは難しいでしょう。シェアハウスの厨房は、住宅サイズで設備も機能も充実しています。そのため、自炊による食生活を充実させる目的で、シェアハウスに入居される方が増加しているのです。

　自炊の場合、外食より安上がりで、栄養面を気遣うことも容易です。さらに一人ではなく、他の入居者と一緒に「食時」を楽しむこともできます。調味料や様々な食材は、共同購入することで一人暮らしと比べはるかに安くすみます。

　また、当協会のアンケート調査によると、入居者の何と80％以上が「お酒」好きな方々です。つまり、シェアハウスはよく食べ、よく飲む方が集っており、歓迎会や誕生日会、クリスマス会など、とにかくいろいろなパーティを開催しています。別の面から見ると、地域における大変な「消費者軍団」なのだといえます。地域の商店などにも大いに貢献しているのです。とにかくよく食べよく飲みますから、シェアハウスができることは、地域の商店などにとってもお客様が増えることなのです。

確かにその分ゴミも増えます。ただし、日本の経済状況を分析する調査方法に、住宅地で出されるゴミの調査があるくらいです。つまりゴミの量が多いということは、活発な消費活動が行われているという証なのです。そうして商店の売上げが上がれば、雇用や税収面の効果さえ期待できます。もちろん、1、2軒のシェアハウスができたところで、さほどの貢献はできません。でもシェアハウスがどんどん増えてくれば、地域経済への貢献度は高くなるはずです。高齢化した住宅地の場合、商店はどうしても減っていってしまいます。そこにシェアハウスが建ち若者が増えれば、商店街にも活気が戻ることでしょう。

　シェアハウスを選ぶ若者には、経済観念が比較的しっかりしている方が多いという特徴があります。お金を節約し、将来のために資格を取得し、先々の目指す道を考えているのです。お店を開業したり、起業したりすることを考えているという人も少なくないのです。
　また、彼らや彼女たちは、日本にとって大切な、将来の消費者でもあります。先々、結婚もするでしょうし、車や家を買うかもしれません。そうした方々をシェアハウスで応援することは、将来の消費拡大にだってつながりますし、少し大げさにいえば大事な国家成長戦略ですらあると私たちは考えています。

8．経済的でECOな暮らし

　最近は、電気料金が値上がりし、円安の影響で生活用品の価格も

上昇傾向です。消費税増税や、社会保障費、医療・介護等の自己負担も増加します。一方で個人所得はなかなか上がりません。防御策として、ますます節約モードに入らざるを得ないでしょう。

なかでも、日本中が酔いしれたあのバブル景気の経験がない若者の世代は、生活費などへの節約意識が高く、特に支出の中で大きなウエイトを占める「家賃」に関して、とてもシビアになっています。そうしたなか、シェアハウスは、入居初期費用や月々の家賃が安価で、共益費が定額であり、さらに消費材を共同購入することで生活費の負担も安くできるのです。

節電意識の高まりのなか、「クールシェア」という言葉が広がっています。真夏に、自宅などで個別にエアコンを使用するよりも、昼間はカフェや学校など人が集まる場所にいて、飲食はもちろん、情報交換や学習などをしながら節電するという考え方です。ある英語塾は、生徒がいない昼間に地域の高齢者を集め、割安で語学を教えて好評を博しているといいます。高齢者にとっては、語学を学びつつ自宅の節電にもなるわけです。

シェアハウスにも同様の効果があります。各個室にももちろんエアコンはあるでしょうが、共用の居間や食堂に集えば、個室のエアコンを切ることができます。ワンルーム賃貸と比べ、大変な節電につながるのです。

今後も、世間の節約意識はますます高まると思います。生活自体をシェアする時代なのです。結果として、シェアハウスは注目され続けることになるでしょう。

9．地域の環境で進化する

　シェアハウスは通常、コンセプトについて検討を重ね、ターゲット（どのような方に入居していただきたいかなど）をきちんと絞った上で開業します。
　ただし時間の経過とともに、入居者も変化していきます。高齢化や子育て支援への行政の対応などによって、その地域のニーズが変わってくることも考えられます。そうした変化を汲み取り、コンセプトを軌道修正していくことも大事です。「臨機応変に」ということです。柔軟な発想を持ち、地域の情報に耳を傾け目を凝らして、さらに入居者の皆様が何を望んで生活されているかを常にウォッチしていることが必要です。それが一般のワンルーム賃貸住宅ではできない、高稼働率を継続させるノウハウの一つです。つまりシェアハウスは、事業者の力量次第で高評価を得る住まいにすることができるのです。
　ちなみに当協会の会員事業者は、そのような高い意識レベルの企業ばかりです。常に社会の動きや生活ニーズにアンテナを張っているからこそ、運営するシェアハウスが地域から注目されているのです。

10．雇用社会から起業社会へ

　わが国は、成熟社会に入りました。大きな雇用を生み出す産業の

登場は、もはや期待できないでしょう。少子高齢化で国内の経済市場は縮小し、雇用機会はどんどん減っています。今後は、就職活動もますます大変になることは間違いありません。もちろん私は、何とか正規社員になりたいと頑張る若い方を決して否定しません。しかし、何も正社員だけが安心な時代ではないということも、考える必要があるでしょう。正社員でも、収益が厳しくなれば給与は上がらず、逆に下がることさえあり得ます。賞与がもらえないことすら、当たり前の時代になるのです。さらに、各地で強制退職の問題も起こっています。つまり、正社員といえども、将来が保障されているというような時代ではないのです。

そこで私たちは、新たな働き方として「日本型フリーランス」を提案しています。ただし従来のように、下請けや孫受けの仕事をあてがわれ、仕事の依頼が無くなるとたちまち収入がゼロになるといった、不安定で不利な立場のフリーランスではありません。

そうした立場に追い込まれる理由は、仕事を一つしか持たないからです。そうではなく、仕事は最低でも３種類くらいは持つべきなのです。一つは自身の経験などから比較的こなしやすい仕事、次は、今後地域に必要とされるであろう安定性のある仕事、そして最後に、常に仲間と楽しく取り組み、仕事の成果に対して相手の「笑顔」が見える仕事――そんな組み合わせがベストです。「二足のわらじ」ならぬ「三足のわらじ」です。三足のわらじ（仕事）の依頼が、一度になくなることは考えにくく、これがフリーランスにとってもっとも大事なリスク分散になるのです。

私たちは、この「日本型フリーランス」をシェアハウス事業で応援しています。まず生活の基盤である大事な住まいを確保していただきます。その上で、シェアハウスの運営管理に協力していただく

ことで、わずかですが安定した収入が得られます。さらに、シェアハウス事業に様々な分野（コンセプトの企画、建築、インテリア、パンフレット制作、リーシング、運営管理、地域連携、拡大　ほか）で参加していただくこともできますし、シェアメイトの皆さんと新たなソーシャルビジネスを起業する、お店を開業するなどといったこともできるでしょう。

シェアハウスを拠点とすれば、事務所やお店の開店資金も不要です。何より24時間好きな仕事に向かい合うことができます。そこで頑張り、ステップアップするのです。このような起業家支援やお店開業支援をコンセプトにした素晴らしいシェアハウスも誕生しています。今後も、無職の方が「夢職」を持てるように応援していきます。つまりシェアハウスは単なる住まいではなく、起業や出会いの場にもなる素晴らしいマッチング事業なのです。このような事業が各地で広がれば、地域発の「日本再生」も可能だと考えています。

ここで、シェアハウスの入居者を私たちの協会が応援し、実際に起業した事例をご紹介します。「TEAMスキマジャパン」です。

シェアハウスの賃貸事業は、サービス業の一つです。ただし、既存の不動産業界に可能なサービスには、実は限界があります。そこをスキマととらえ、スキマにこそ商機があり、大手はもちろん、既存の事業者がやれないことに取り組むというコンセプトで、シェアハウスの入居者たちが始めた事業です。

メンバーは、実際にシェアハウスに住んでいますから、もちろん入居者のニーズには誰よりも詳しいですし、住んでいるからこそ、改善点や、入居者目線による事業企画を発案できます。しかも優秀な人材が揃っており、シェアハウス業界の今後のためにぜひとも活躍していただきたいと考えています。そのため、代表の清水優紀氏に

は、当協会の最年少理事に就任していただきました。オーナーが個人で運営する既存のシェアハウスを中心に、5物件の開業企画への参加と、リーシング（集客）業務、運営管理業務を受託しています。私たちは、彼らが今後も仲間を増やし大きくなっていくことを期待しています。このように、興味がある仕事で起業することも、シェアハウスでは可能なのです。

TEAMスキマジャパン（東京都杉並区）
代表者　清水優紀（34歳）

11. 一般賃貸住宅と収益性の違い

　同じ規模の建物の場合、単身者向けワンルーム賃貸と、ファミリー向け賃貸とを比較すると、一般的にワンルーム型は総戸数が多く、満室であれば家賃総額も高くなります。戸数が多い分、建築の際の工事費は高くなりますが、「総家賃÷総投資額＝表面利回り」は、ワンルーム賃貸のほうが高利回りになるのです。

　ただし、これはあくまで満室を前提とした試算です。現状、ワンルーム賃貸は、各地で供給過多のため空室率が上昇し続けています。今後は、そう簡単にはいかないでしょう。

　ここで、ワンルーム賃貸とシェアハウスとを比較してみます。同

じ規模の建物の場合、シェアハウスは厨房や洗濯、洗面、お風呂などの工事費がかさむ設備機能が一箇所に集中しています。また、外部階段や外部廊下などがなく、玄関ドアは１つ、水道、ガス、電気のいずれも検針メーターは１台ですみます。当然、工事費は確実に安価になります。さらに、個室単価はワンルームよりは低くなりますが、部屋数はシェアハウスのほうが圧倒的に多く取れますので、先の計算式である「家賃総額÷総投資額＝表面利回り」は、当然シェアハウスのほうが高くなります。

　最近は、東日本大震災後の復興や、アベノミクスによる内需拡大（つまり公共事業の増加）、あわせて民需の拡大、そして東京オリンピックの開催決定と、建設業界は大忙しです。人手不足による労務費の急上昇や資材の高騰で、建設費は右肩上がりに上昇しています。少しでも高い収益が見込める賃貸事業でなければ、利回りは一層低くなり、オーナーさんも取り組むことをためらうでしょう。

　現在、賃貸住宅で一番収益性が高いのは、シェアハウスです。そして前記のとおり、ニーズも年々増加している市場です。企画、運営さえしっかりしていれば、シェアハウスは、高い入居率を維持することが可能で、家賃競争の激しいワンルーム賃貸よりはるかに安定性が高い賃貸事業なのです。何よりも各地に数え切れないほどのワンルーム賃貸がありますが、シェアハウスはまだ少数です。そのため、ニーズに供給が追いつかず満室稼動が多いのです。しかもいくら話題性があるとはいえ、空室のある賃貸住宅をすぐに建て替えて、地域にどんどんシェアハウスが増えていくとは思えませんので、高人気＝供給不足状態が続くはずです。

第二章
シェアハウス市場の現状

(一社) 日本シェアハウス協会理事
東京シェアハウス合同会社代表
森山哲郎

1．自社紹介と取組の経緯

　東京シェアハウス合同会社は、都内を中心としたシェアハウスのポータルサイト、東京シェアハウス（tokyosharehouse.com）を運営しています。
　当社は、2010年6月に法人設立、翌年同月にウェブサービス開始と、まだまだ歴史の浅い会社ではありますが、今では東京を中心に700件を超える物件、256社を超えるシェアハウスの運営者さん、事業主さんとお付き合いをさせていただけるようになりました。
　事業開始はほんの数年前ですが、当時「シェアハウス」というと、昔のイメージからか「安かろう、悪かろう」といった住まいを思い浮かべる方も少なくありませんでした。最近は若い世代を中心に、「一人暮らしより面白そう」「みんなで食事とか楽しそう」という声も頻繁に耳にするようになりました。シェアハウスに住む目的が、「家賃を抑えるために自分以外の誰かと住む」から「一人暮らし＋α」へといった価値観の変化を感じる日々でもありましたし、多くの方に一つのライフスタイルとして捉え始めていただけていることを、本当に嬉しく思います。
　シェアハウス人気の理由を、年収の低下や首都圏を中心とした家賃高騰などの経済的な要因、もしくはドラマやメディアに使われることによる一時的なブームと捉えている人も多いと思います。ですが、この事業に携わってきた経験から、「快適で安全なシェアする暮らしの場を提供しよう」と日々、試行錯誤されてきた運営者の方々の存在がなければ、今日のシェアハウス業界はありえなかったと確信しています。

都内で開業されているシェアハウスに実際に足を運んでみると、運営者さんの個性や思いが反映され、独創的でどこか温かみを感じる物件が本当に多いものです。物件が、運営者さんの人柄そのものを表しているように感じることすら少なくありません。

　現在、シェアハウスの定義や基準について議論され始めています。これについては事業開始当初から、同じシェアハウスと呼ばれていても、物件ごとに住環境が大きく異なるということが、個人的に大きな悩みの種でもありました。

　当時は、シェアハウスの法規法令について、全く議論が交わされていませんでした。ポータルサイトを運営するに当たって、物件をできるだけ多く掲載して、とにかく反響を増やすことが第一だという考え方もありました。活動を継続するために利益優先で考えていたということです。それでも、運営者や実際に入居されている方々と接しているうちに、遠回りでもよいので、安心、安全で快適な暮らしを紹介できるポータルサイトを目指すようになりました。

　運営者の方々の声を聴きながら、独自の掲載基準を設け、初めて掲載する物件は実際に訪問した上で、手続きを行うことにしました。このようなスタイルに切り替え活動できたのは、やはり物件に関わっている方々の「人」としての魅力が大きかったからだと思います。

　昨今、低所得者をターゲットとし不当に営利のみを追求する業者がメディアから叩かれたことで、これまでシェアする暮らしの文化を支えてきた健全な業者までもが、事業存続の危機をささやかれています。

　私は、シェアハウスがコミュニティ構築の基盤となるような、日本社会を支える可能性がある文化だと確信しています。ただしそのためには、既定の枠組みだけで物事を判断せず、むしろ環境の変化

を受け入れ新しいライフスタイルを構築していく姿勢が必要です。シェアハウスという文化を守り、継続、発展させていく、そんな活動を、今後も関係者の皆様とともに継続していきたいと思います。

さて、この章では、当社が運営しているポータルサイト「東京シェアハウス」の物件情報や実際の反響データなどを基に、シェアハウス市場の現状についてご説明させていただき、そのうえで当社が思い描いている業界の未来についてご案内させていただきます。

2．市場動向　過去～現在～今後

「複数の人がいっしょに住むタイプの住居」は、以前は「ゲストハウス」と呼ばれていました。さらに時代を1980年代までさかのぼると「外人ハウス」と呼ばれていたこともあります。入居にあたって敷金・礼金・仲介手数料などは必要ありません。さらに、日本に滞在する外国人の方々にとって、保証人不要というのは大きな魅力でした。そのため、外国人の方々に重宝される住まいとして、枠組みが形成されたのだと思います。

ただし、「複数の人がいっしょに住むタイプの住居」が、「外人ハウス」と呼ばれるほどに外国人の方々を中心に普及したのは、経済的要因だけではない、大きなメリットがあったからです。自国社会から離れて暮らす彼らにとって、「外人ハウス」は、シェアから発生するコミュニケーションが保てる場です。所属するコミュニティがある住まいであり、情報交換や共生が楽しめ、有意義な時間が過ごせる場所となり、外国人同士の間でなくてはならない場所として普

及したのだと考えています。

　当時の日本人は、シェアとは逆の概念にあたる独占や所有といった価値観が先行する競争社会の中で生活していました。居室が狭くとも専有設備を備えるワンルーム賃貸を当たり前の住まいと考え、共同利用に付随するメリットに気づくことができなかったのです。

　その後、「複数の人がいっしょに住むタイプの住居」は、ユースホステルのように1泊単位で宿泊できるバックパッカー向けの宿として「ゲストハウス」と称されるようになり、利便性や経済性の追求を重ねました。

　「複数の人がいっしょに住むタイプの住居」に日本人が魅力を感じるようになったのも、最初は経済的要因からだったのだと思います。ITの発達により、生活に必要な情報収集などは圧倒的に便利になりましたが、日々の暮らしの中でコミュニケーションを図る機会は格段に減りました。現実社会でのつながりを求めている人達が、徐々に住まいをシェアすることのメリットに気づき始め、日本人層の流入が加速したのだと思います。

　「ゲストハウス」という言葉が定着していたにもかかわらず、近年、「シェアハウス」という言葉が改めて普及し始めた背景には、資本主義社会における利便性や経済性、価格競争の追求のみではなく、多くの人が、人との「つながり」や「分かち合い」など、お金以外の部分を重要だと捉え始めたからに違いありません。

　今後、シェアハウスは、コミュニティのある暮らしとして、他の住まいにはない価値あるライフスタイルになると思います。その流れを加速していくためにも、私たちは、入居者同士のつながりや、運営者の思いなど、住まいの背景にある物語などをお伝えしていきたいと考えています。

3．供給分析（シェアハウスのタイプ、個室数）

　それでは、現在、私たちのサイトに掲載しているシェアハウスの供給状況をみていきましょう。
　なお、本来であればこうした市場分析は、前年と比較し増減率で検討するものだと思います。ただ私たちのサイトの場合、認知度が昨年度より急激に上昇したため、反響やアクセス数などを単純比較すると、前年比３倍〜５倍以上の結果となってしまいます。この結果は現状に即していないと思いますので、現時点におけるセグメント別の分析を主体としています。

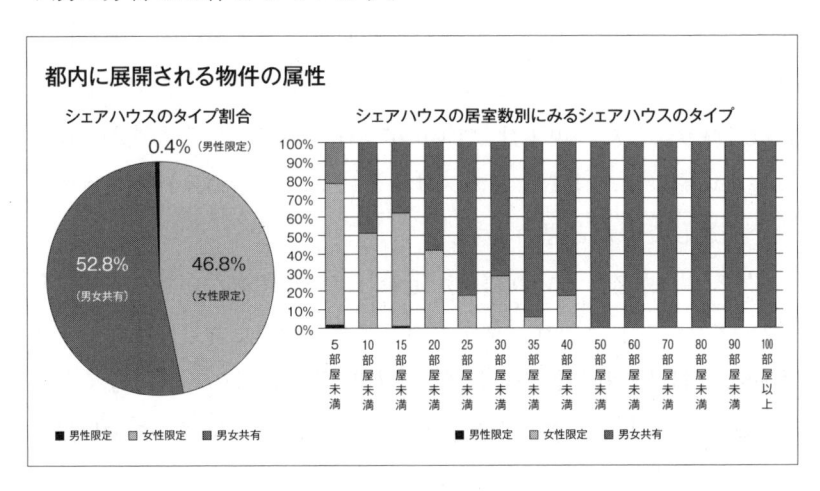

都内に展開される物件の属性

シェアハウスのタイプ割合
- 0.4%（男性限定）
- 52.8%（男女共有）
- 46.8%（女性限定）

シェアハウスの居室数別にみるシェアハウスのタイプ
（5部屋未満、10部屋未満、15部屋未満、20部屋未満、25部屋未満、30部屋未満、35部屋未満、40部屋未満、50部屋未満、60部屋未満、70部屋未満、80部屋未満、90部屋未満、100部屋以上）

■ 男性限定　□ 女性限定　■ 男女共有

　都内で展開しているシェアハウスのほとんどは、「男女共有」か「女性限定」です。
　「男性限定」の物件もあることはありますが、全体の１％にも満たない棟数です。今後増えていく可能性がないこともありませんが、シェアハウスが人気の現在でも男性限定をオープンする運営者がほ

とんどいないのは、やはり男性同士で暮らしたいというニーズが単純に少ないのだと思います。

　逆に女性専用が多い理由についてですが、女性は物事を合理的に考える傾向にあり、ルールを守ってくれるし、共用設備等を清潔に使用するため、共同生活をするのに適しているのだそうです。女性の中には当然、男女一緒よりも、女性だけのほうが安心だからと女性専用を選択する方も多いようです。

　ただし、入居者数が一定の数を超えると、女性限定よりも、お互いが異性の目を気にする状態のほうが、清潔さが保たれ、仲の良いコミュニティが形成されるため、運営が上手くいきやすいとのことです。

　実際に、物件を居室数別にみてみますと、居室数の少ない場合は、ほとんどが女性限定の物件であるのに対し、居室数が20部屋を超えたあたりから、ほとんどが「男女共同」タイプのシェアハウスとして展開されています。

　定期的にイベントが開催されているような住居人同士の交流が盛んな物件を運営されている事業者によると、男女比の割合にはすごく神経を使われている様子で、男女比や国籍などが偏らないように配慮されている運営者さんが多い印象があります。シェアハウスで住居人同士が楽しく生活するには、男性、女性どちらの意見が強すぎても、やはりよくないのだそうです。

　「みんなで住む」のですから、一方だけの意見に束縛されず、コミュニティに属する皆が快適に暮らせる心構え、ルールなどが必要だというわけです。

　では、次にエリアと居室数を軸として、「都内に展開されるシェア

ハウス物件の属性」についてみていきたいと思います。

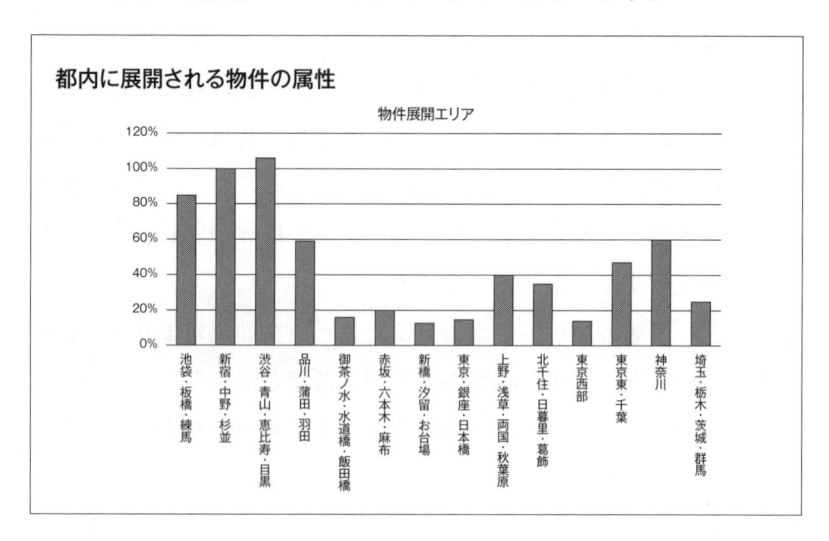

都内に展開される物件の属性

物件展開エリア

（棒グラフ：池袋・板橋・練馬 約85%、新宿・中野・杉並 約100%、渋谷・青山・恵比寿・目黒 約105%、品川・蒲田・羽田 約60%、御茶ノ水・水道橋・飯田橋 約17%、赤坂・六本木・麻布 約20%、新橋・汐留・お台場 約13%、東京・銀座・日本橋 約15%、上野・浅草・両国・秋葉原 約40%、北千住・日暮里・葛飾 約35%、東京西部 約14%、東京東・千葉 約47%、神奈川 約60%、埼玉・栃木・茨城・群馬 約25%）

　シェアハウスをエリアごとに区分けしてみると、かなり驚かれるのではないかと思うのですが、都内で展開されている物件の多くは、渋谷、新宿、池袋といった都心西部に集中しています。全体の45％に当たります。これに「品川・蒲田・羽田」を加えると、55％を超えるのです。
　これはあくまで、当サイトに掲載されている物件の属性です。都内には当社に掲載されていない物件も少なからず存在するはずです。ただし、私たちも東京の都心エリアに限定して営業活動をしているわけではなく、関東全域であれば基本的にどこであっても同じように対応させていただいています。
　それでは、なぜ、このようにエリアでの属性が偏ってきたのでしょうか。
　2つの大きな要因が考えられます。
　一つは「都心で働く女性」に、もともと利便性の良い立地に住み

たいが、住まいの費用を極力抑えたいという潜在ニーズがあります。シェアハウスという施設が、このターゲットとピッタリ合わさったということです。

　仕事もプライベートも充実している女性からすれば、家は帰って睡眠をとるスペースがあれば狭くても構わないし、通勤時間も短縮できます。そこに気づいた運営事業者が、利便性の高いエリアでのシェアハウスを近年次々とオープンしたのです。

　シェアハウスは従来一戸建てなどをリノベーションするタイプが多かったのですが、最近では都心に近い人気エリア、渋谷、新宿、池袋などに新築でシェアハウス専用としてオープンされている事業者さんも存在しています。

　逆に、東京の東部に物件数が少ない要因ですが、従来、ゲストハウスや外人ハウスと呼ばれた物件は東京東部のほうが多く存在しています。ただし、私たちのサイト上に掲載できていないものが少なくありません。その理由の一つとしては、東京東部には十数年も前からゲストハウスを運営されてきた事業者の方々が多く、居室の広さや開閉式の窓の有無などの観点から、当社の掲載基準に見合うといった判断ができず、見送らざるをえないケースが多々ありました。

　建築基準法などの法規法令といった側面だけでの判断で掲載を控えているケースが多数ですので、一部の営利のみを限定して追求している業者のために、「つながりのあるシェアする暮らし」を提供している運営事業者さんをご紹介できないのは、正直残念で仕方ありません。

　東京東部にシェアハウスのニーズが全くないわけではないと思います。仕事や実家に定期的に帰りたいなどの理由から、東京東部に

対する物件への問合せを時折受けたりすることもあります。東部でのニーズもまだまだあると考えていますし、私たちとしても、現在のシェアハウスの在り方に対し、関係者の方々の意見も伺いながら、現在展開しているシェアハウスをできる限り紹介していきたいと考えています。

　今後、シェアハウス業界がより健全に普及していくためにも、シェアハウスに適した法規法令がきちんと整備されることを願うばかりです。

　次に、都内で展開されている物件の居室数を軸に割合をみていただきたいと思います。

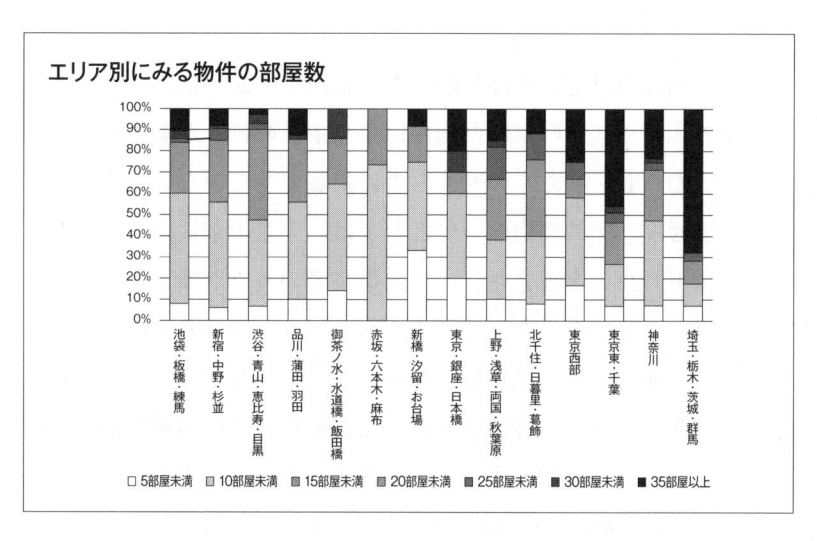

エリア別にみる物件の部屋数

横軸（エリア）：池袋・板橋・練馬／新宿・中野・杉並／渋谷・青山・恵比寿・白金／品川・蒲田・羽田／御茶ノ水・水道橋・飯田橋／赤坂・六本木・麻布／新橋・汐留・お台場／東京・銀座・日本橋／上野・浅草・両国・秋葉原／北千住・日暮里・葛飾／東京西部／東京東・千葉／神奈川／埼玉・栃木・茨城・群馬

凡例：□5部屋未満　■10部屋未満　■15部屋未満　■20部屋未満　■25部屋未満　■30部屋未満　■35部屋以上

　これは比較的想像しやすいかと思いますが、都心に近付くにつれ20部屋以下の小、中規模のシェアハウスが多くなり、郊外に行くにつれ居室数が増え、大型の物件が運営されているようです。東京東部、千葉、埼玉など郊外のエリアでは、35部屋以上の大型の物

件が多くなります。

　大型シェアハウスには、通常のワンルームでは到底手に入れることができない設備や贅沢なスペースが備わっています。大学で音楽を専攻している学生やミュージシャンが、防音室があることを理由に入居を決めたり、身体を動かすことが趣味の方が、フィットネスジムを備えた住まいを選択したり、各物件に備わった施設を求めて入居される方が多いようです。
　また、こうした大型のシェアハウスでは、共用設備を活用して入居者以外の方も参加できるイベントを定期的に開催しています。同じ趣味の方同士が仲良くなり、入居を確定するケースも少なくないとのことです。
　多くのシェアハウスの運営者さんは、入居者同士のより良いコミュニティ形成のため、コンセプトを定め、共有スペースを活かした新しいサービス（セミナーの展開や催し物）や、さらにはハロウィンパーティなどに地域住民も参加できるようにして、近隣とも交流を図るケースがあるそうです。
　こうした状況をみていると、今後のシェアハウス業界は、利便性を求めより良い立地で快適で安全に暮らせるタイプの物件と、従来のワンルーム賃貸では手に入らないユニークで面白い物件の2極化が進むのではないかと考えています。

4．入居者分析（性別、年齢、就業形態、職業）

次にシェアハウスの入居者についてみていきたいと思います。
女性専用のシェアハウスが多いということもあって、当サイトを利用されるユーザーのほとんどが女性であるという際立った特徴があります。

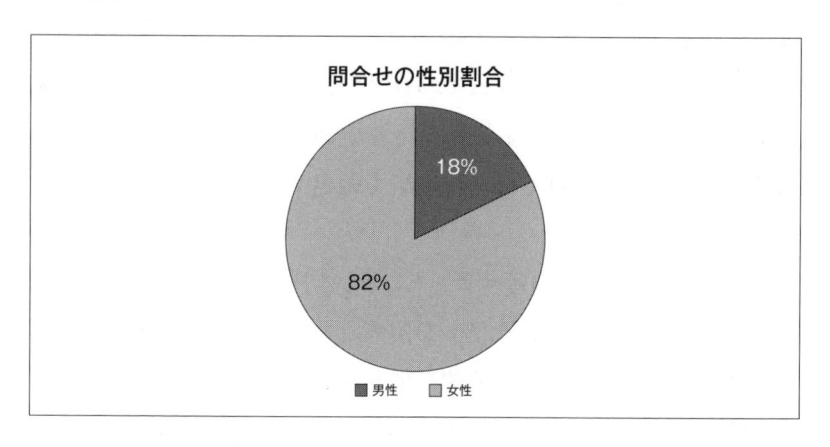

問合せの性別割合

- 男性 18%
- 女性 82%

問合せの内訳をみると、男性17.9％に対し女性82.1％と、8割以上が女性なのです。

また、特に女性に関しては、20歳代前半、後半、30歳代前半、後半の各年代が、それぞれ均等の比率であるのに対し、男性は、25歳から35歳の間が多い印象がありました。

男性の平均年齢　　27.5歳
女性の平均年齢　　26.6歳
全体の平均年齢　　26.8歳

次にシェアハウスに興味のある方々の雇用状態をみてみたいと思います。

問合せの職業別割合

男性

正社員	43.3%
パート・アルバイト	13.0%
大学生	9.7%
短大、専門学生、その他	8.1%
契約社員	6.9%
休養中	4.3%
派遣社員	4.0%
個人事業主	3.4%
フリーランス	2.5%
経営者	1.7%
大学院生	1.4%
旅人	1.0%
会社役員	0.7%
合計	100%

女性

正社員	34.0%
パート・アルバイト	13.8%
派遣社員	11.4%
契約社員	10.2%
短大、専門学生、その他	9.4%
大学生	9.3%
休養中	3.9%
フリーランス	3.5%
大学院生	2.2%
個人事業主	1.3%
旅人	0.6%
経営者	0.3%
会社役員	0.1%
合計	100%

　男性、女性ともに、社員として働いている方と、学生として勉強されている方が圧倒的に多いことがわかります。また、休養中というカテゴリーが男性で4.3％、女性で3.9％となっていますが、このカテゴリーには、海外から帰国したばかりで一時的に職がないといった方などが含まれています。

　また、男性の中で、個人事業主（3.4％）、フリーランス（2.5％）、経営者（1.7％）と、組織に依存しない働き方をしている方々の合計が7.6％（女性5.1％）に上るのも、特徴の一つといえるでしょう。今後、クラウドソーシングの普及などにより、働き方も大きく変わってくると思います。シェアハウスが、こうした会社に縛られない人達をサポートできるという可能性を感じずにはいられません。

　次に職業についてみていきたいと思います。

入居されている方の職業ランキングをみると、男性は「通信・ＩＴ・ソフト開発」が最も多く、「マスコミ・広告・出版」「営業・販売」「飲食・レストラン関連」「エンターテイメント・イベント」と続きます。

　女性の場合は、「事務・受付・秘書」が１位で、「通信・ＩＴ・ソフト開発」「マスコミ・広告・出版」「飲食・レストラン関連」「営業・販売」と続きます。

入居者のランキング（属性：職業）

男性		女性	
1	通信・IT・ソフト開発	1	事務・受付・秘書
2	マスコミ・広告・出版	2	通信・IT・ソフト開発
3	営業・販売	3	マスコミ・広告・出版
4	飲食・レストラン関連	4	飲食・レストラン関連
5	エンターテイメント・イベント	5	営業・販売
6	デザイン・クリエイティブ	6	医療・介護・福祉
7	人材サービス	7	金融・証券・保険
8	卸売・小売業・商業	8	デザイン・クリエイティブ
9	機械・製造・土木	9	食品・医薬・化粧品
10	不動産・建築	10	エンターテイメント・イベント
11	コンサル・会計・法律関連	11	美容・理容実務
12	事務・受付・秘書	12	卸売・小売業・商業
13	金融・証券・保険	13	教育・教育学習支援関係
14	医療・介護・福祉	14	飲食店・調理実務
15	飲食店・調理実務	15	ブライダル・宿泊旅行
16	専門職・技術職	16	コンサル・会計・法律関連
17	コールセンター・サービス	17	専門職・技術職
18	教育・教育学習支援関係	18	企画・調査・マーケティング
19	食品・医薬・化粧品	19	コールセンター・サービス
20	運輸・配送	20	人材サービス

　ＩＴ業界で働く人達は、実際の世界で人のつながりを求めているということなのでしょう。その他の職業をみても、「人と接することが好き」な方々がシェアハウスを利用されている傾向にあります。

　繰り返しになりますが、シェアハウスの将来像として私は、２つの大きな需要が拡大していくと考えています。それは、「住まいをシェアして、家賃を抑え、プライベートをより充実させたい」と考えている層と、「コミュニティのある暮らしで生活をより豊かにした

い」と考えている層が、より拡大していくということです。

　家賃を抑え、プライベートをより充実させたいと考えているタイプの人達は、経済的メリット、利便性を求めています。安心、安全で快適な住まいを希望しながら、住まいの費用を抑え仕事や学びなどに優先順位を置いているので、職住近接など、より好立地で、引越しの費用が掛からない最低限の設備が整ったシェアハウスが理想です。やはり同地域のワンルーム賃貸より価格帯が安いため、シェアハウスへのニーズは今後も増加していくものと思います。

　また、この層は、シェアハウス内での知り合いが増えたらいいなとは考えていますが、つながりたいけれどもしばられたくはない、と考える方々も多いのです。イベントの開催などよりも、自発的に気の合う同士で、お互いが都合の良い時間に一緒に行動したいタイプが多いのではないでしょうか。

　この層には女性が断然多いかと思いますので、今後も立地の良い場所に、都心で働く女性をターゲットとした女性専用シェアハウスが増えていくのではないかと考えています。

　もう一つの、「コミュニティのある暮らしで生活をより豊かにしたい」と考えている層については、住まいをきっかけに、新しい出会いやつながりを求めて住居を選ぶ傾向があると思います。

　近年、「コンセプト型」と銘打った同じ価値観を共有できる仲間同士で住むシェアハウスがメディアに取り上げられることがありますが、やはり「シェア」をきっかけに、そこにコミュニケーションが生まれ、コミュニティが形成されやすいタイプのシェアハウスの需要は今後も高まっていくと思います。

　こうした需要には、大人数で住む大型物件のほうが断然向いてい

るでしょう。通常の住宅には存在しない共有設備やスペースがあり、コミュニティがシェアハウス内に限定されたものではなく、周辺地域や、若い世代と高齢者をつなぐ共生を実現できる住まいを提案できると思います。都心ではなかなか難しい面もあり、どちらかというと郊外で増えていくものと思われます。

シェアハウス内でのコミュニティに限定せず、地域住民の方も巻き込める可能性があることから、将来的には自治体や別業界とのコラボレーション企画といったものも生まれる可能性が非常に高いと思います。

実際、一人暮らしでは決して手に入れることができない共有スペース、大型のキッチン、防音室や、趣味などもシェアできる男女共同の大型シェアハウスなどを検討していくと、都内での実現はかなりハードルが高いように感じます。また、居住者には、立地などよりも空間を求めるタイプの人が多いため、こうしたシェアハウスは、今後全国の都市部に拡大していく可能性が大いにあります。

5．シェアハウス業界の将来性

——シェアハウスの魅力とはどこにあるのだろう。
これは私達が日々考えている課題であり、楽しみでもあります。

必要、不必要といった利便性に限らず、趣味や日常の何気ない一コマ、各々が取り組む「コト」を共有する瞬間に、コミュニケーションが生まれ、コミュニティが形成される。人とのつながりで形

成されている私たちの社会において、「個」と「個」がつながる場所が実は圧倒的に足りないのではないでしょうか。

シェアハウスはそんな社会に欠乏している隙間を埋めることができるため、人々に愛され、社会に必要とされているように感じます。日本人と外国人、若者と高齢者、大きなプロジェクトに取り組んでいる人と貢献する場所を探している人。シェアハウスには、単なる住まいの選択肢の一つとしてではなく、人と人、地域と地域を結び、より多種多様なコミュニティを構築する場所としての役割を十分に担える可能性があるのです。

それは「都市再生」といったより大きなプロジェクトにもつながるでしょうし、将来、日本社会が直面するであろう課題、資源の有効活用や、多様性の認知と推進、世代や国籍が異なる人との共生と対話という点でも、シェアハウスがその基盤となれることを示唆しています。

今後は、世の中の多様性に対応するように、関係者の方々の熱意や独創性により、さらに多くのユニークなタイプのシェアハウスが生まれてくるのではないかと思います。

シェアハウスはただの住まいではありません。人と人が現実社会でつながれる、従来の賃貸業ではなしえなかった大きな可能性のある文化そのものだと思います。

今後、どのようなシェアハウスが増えてくるのか、どのようなシェアハウスが支持されていくのか、そんなことを頭の片隅に置きながら、私たちのサイトをご訪問いただければ幸いです。きっとシェアハウスは、皆さんの期待に応え、世界中の人々をつなげる役割を果たすものと考えています。

第三章

一般社団法人
日本シェアハウス協会とは

（一社）日本シェアハウス協会代表理事
シェアプロデュース株式会社代表
山本久雄

1．日本初の業界法人団体設立の背景

　若者を中心にシェアハウス人気が高まりつつあるなか、その人気に便乗して「質」を考えない劣悪物件も増え始めました。2013年5月の毎日新聞第一面に、「脱法ハウス」として大きく取り上げられたのは、記憶に新しいところです。2〜3畳の小部屋や窓もない劣悪な部屋をシェアハウスと称し各地で開業している業者が、摘発されました。この記事をきっかけに国土交通省が動き、ほかのマスコミも大きく取り上げるなど、社会問題にまで発展しました。しかし、このような問題のあるハウスの存在は、実は氷山の一角にすぎません。シェアハウスは以前から、建築法規や消防法規に照らした際に「グレー」な部分があるといわれてきたのです。

　とはいえ、シェアハウスには大きな可能性があります。今後「新たな住まい方」の一つになることを確信しています。そこで私たちは業界の健全な発展を目指し、2012年7月に当協会の前身である「一般社団法人シェアハウス振興会」を設立しました。

　当時は会員は10社足らずでした。私たちの考え方に賛同していただける事業者や、将来の成長を期待する建築・不動産会社などに参加していただきました。その後、シェアハウス業界をリードし、全国に広げるために現法人名に改名しました。

　協会として取り組む最初の仕事が、「脱法ハウス問題」の対策でした。2013年9月に国土交通省が業界全体を対象とした規制を打ち出しました。その対応として、当協会の会員が取り組むシェアハウスは脱法ハウスなどとは一線を画するということを世間に訴え、業界の存続と拡大に貢献しようと取り組んできました。

第三章　一般社団法人 日本シェアハウス協会とは

支部長会員証

株式会社シェアカンパニー 殿

貴社は当協会の新宿区支部長である事を認定します。

平成25年　8月20日
一般社団法人　日本シェアハウス協会
代表理事　山本　久雄
東京都杉並区阿佐ヶ谷南1-8-3
プリエ阿佐ヶ谷内1C

地域の中心としてシェアハウスの普及に努めていただきます

会員証

株式会社 Connect House 殿

貴社は当協会の賛助会員である事を認定します。

平成25年　6月1日
一般社団法人　日本シェアハウス協会
代表理事　山本　久雄
東京都杉並区阿佐ヶ谷南1-8-3
プリエ阿佐ヶ谷内1C

一般会員です

2．組織体制

(1) 事務局もシェアハウスの一角に

　現在の本部事務局は、東京都杉並区にあります。ここも、2011年に開設した5室の戸建住宅型シェアハウスです。

　建物は、築後43年が経過した戸建住宅を再生しました。建物の耐震性についても、建築したハウスメーカーで調査済みです。「空き家活用のモデル」として、これまでに国土交通省をはじめ、行政団体、マスコミ、シェアハウス事業者や個人貸主様など大勢の見学者が訪れています。

　また、周辺地域において、「地域密着展開」のモデル作りにも取り組んでいます。これまで2年間で5カ所のシェアハウスを開設、2014年7月には6軒目として、「自宅併設新築シェアハウス」も同じエリアに完成します。この地域密着展開の営業方法も、ぜひ皆様の参考にしていただきたいと思います。

(2) 部会のご紹介

　当協会には現在5部会がありますが、今後さらに増える予定です。
　①コンプライアンス部会
　　当協会の自主基準の策定・国土交通省や各特定行政庁との情報交換や当協会認定登録ハウスの審査・耐震化の促進や既存活用に対する各種相談など、主に建築関係の相談や支援など

　②新コンセプト開発部会
　　新たなコンセプトの開発や、会員事業者の開発したコンセプト

の紹介・普及、コンセプトに関する法令調査や事業化のための異業種との連携の応援など

③分譲及び投資事業開発部会
　自宅併用型シェアハウスの開発・中古住宅の再生、新築による投資商品の開発や事業化の実務面の研究など

④研修部会
　シェアハウス事業新規参入者向け研修・コンセプトシェアハウスの運営管理研修・地域連携の手法研修など

⑤マーケティングリサーチ部会
　各種市場動向調査・市場分析・調査結果の公表・新事業の参考情報の提供など

３．推進事業

　協会は、各部会及び以下の事業に関して相談窓口にはなりますが、相談レベルを超えた「実務」が発生した場合は、会員各社が有償・無償を事前確認の上、対応します。

（１）シェアハウス事業参入（法人・個人）支援
　新規参入者（法人・個人）向け支援（例：対象物件の市場調査・新築又は改修計画・集客・運営管理・各種帳票類作成など）

（2）協会自主基準の策定及び協会認定ハウス登録制度の促進

進化するシェアハウス事業（新築・改修）に対する自主基準の策定及び会員への普及・協会登録ハウスの普及促進など

（3）共同仕入れ及び支部間交流等の会員連携支援

新築及び改修でシェアハウスを開業するときに比較的共通して使用する部資材や設備・各種備品などの共同購入によるコストダウン化。新商品を開発した会社情報の共有化と会員事業者の参加による国内外の優れた商材の販路拡大の支援など

（4）支部の活性化（市場開拓）支援

支部単位による市場開拓・地域異業種連携・新たな入居者募集体制などの構築、支部がシェアハウス事業拡大の地域本部機能を担う体制作りの支援

（5）地域仲介事業者との集客ネットワーク構築支援

地域に密着した地元仲介事業者との連携（協力店）拡大による集客支援シェアハウス化の新規案件（空室賃貸・空き家など）情報の収集支援

協力店の店頭用ステッカー

（6）医療・介護・保育などの地域の法人との連携支援

地元の企業や医療・介護・保育などの人材が不足している業界との関係を構築し、単身者などに情報を提供することで人材採用を応

援。また、その関係を通じて今後地域に必要となる「介護予防健康増進型」「子育て支援型」などの新しいコンセプトシェアハウスに対し、テナント参加や運営へ参加協力していただくなどといった地域連携の推進。

　さらに、医療、介護、保育などの分野で新たな施設が必要となった場合、不動産・建築（新築・改修）業界にとってもビジネスチャンスが生まれます。特に介護業界との関係を強化することで、高齢者の住み替えや介護施設入居時に空き家となる自宅の売却や活用、また所有している不動産の相続問題に関するコンサルティングの提案なども可能です。

（７）「副収入付賃貸」事業開発と事業化

　シェアハウスを含めた賃貸住宅の空室対策として、単に家賃を下げるのではなく、運営管理上の様々な業務を入居者へ委託することで、入居者が収入を増やしつつ新たな業務の経験ができる仕組みを企画中。こうした仕組みを提案しながら、各地の賃貸管理会社やオーナー様との接点を作り、シェアハウス情報を入手する計画で、近々事業開始予定です。

ドメイン取得済で秋にはホームページ開設予定

4．当協会の自主基準の概要

超高齢社会に対応し、入居者の「安全・安心」と
地域の消費やコミュニティ作りに貢献し
これから我国が取り組む「成長戦略」を「住まい」で応援

社会資源の「空き家」・「空き室」活用
シェアハウス事業の
基本指針

起案　平成24年　2月　 8日
改定　平成25年10月25日
改定　平成26年　1月21日

一般社団法人日本シェアハウス協会

はじめに

　当協会はシェアハウス業界初の法人団体として平成２２年７月に設立した**シェアハウス振興会**（会員7社で創設）が前身です。当初の新規入会の多くはシェアハウス事業に新規参入の建設会社や不動産会社ですが、最近は既に事業展開している事業者も当協会の推進事業に共感頂き入会される様になり会員数も年々増加し活動が注目される様になりました。

　現在供給されているシェアハウスの大半は既存物件の再生活用が多く、「戸建て住宅」や「共同住宅の住戸」の場合は、建築基準法上の用途の問題そして首都圏直下地震の危険性が叫ばれている現在、建物の耐震性の問題があります。その様な中、昨年９月６日に違法ハウスの増加が懸念される為、国土交通省がシェアハウスの建築基準法上の用途を「寄宿舎」との判断を出しました。

　当協会は、「シェアハウスを健全な賃貸市場へ」が設立趣旨ですから違法ハウスを規制、退場させる為には成果があったと考え賛成ですが、その一方で当協会の会員事業者の様に健全なシェアハウスまで規制する結果になりました。
　我国は単身者が増加し続け、又東日本大震災の影響もあり、他人同士が住まう安心感を持つ「新たな家族の形態」に注目が集まり、又国民の皆様の経済的、介護等で施設に入るなど、自宅を「空き家」にしなければならない超高齢社会における社会問題が起きるなど社会が大きく変化しており、様々な規制緩和が叫ばれている中で自宅を活用出来ない事は新たな規制であり、他方 UR 都市再生機構の「ハウスシェアリング」及び一般賃貸業界の「ルームシェア」等、シェアハウス同様他人同士が住む形態は寄宿舎指導をかけない等、極めて矛盾であると当協会が主張を続け、ようやく国土交通省は「ルームシェア方式は寄宿舎としない」との判断を下されました。この判断は正直矛盾が多く、決して納得している訳ではありませんが、既存シェアハウスの継続や今後の空き家・空き室問題を考えるとこの判断で事業モデルを作り継続するしかないと考えました。

　この指針は社会の変化や時代のニーズを的確に捉え、空き家・空室の活用は、大きな社会問題解決事業だと考え取り組んでいる当協会の「指針」ですが、今回の国の新たな判断を加え改定しました。

平成２６年１月２１日
一般社団法人 **日本シェアハウス協会**
代表理事　山本久雄

「空き家」・「空き室」活用及び共生型住宅（シェアハウス）事業に関する
基本指針（当協会自主基準）

起案　平成２４年　２月　８日
改定　平成２５年１０月　１日
改定　平成２６年　１月２１日

1．用語の定義

1）シェアハウス　　戸建住宅及び共同住宅の専有部を全て賃貸住居用に利用するタイプで個室単位の契約形態は「寄宿舎」扱い、ハウスシェアリング方式の場合は、「住宅」扱いとする。

2）ホームシェア　　戸建て住宅及び共同住宅専有部の一部を賃貸住居用に利用し建物所有者又はその家族が「共住」するタイプで個室単位の契約形態でも「住宅」扱いとする。

3）ドミトリー　　　個室に複数名が同居するタイプで当協会の自主基準に基づき提供可能とする。借主個人単位の契約形態は「寄宿舎」扱い、ルームシェアリング方式の場合は「住宅」扱いとする。

2．建築確認申請及び既存活用に関する指針

1）新築の場合は２００㎡未満の場合でハウスシェアリング及びルームシェアリング方式であれば「０８０１０：戸建住宅」として建築確認許可を取得し、２００㎡を超える場合は「０８０４０：寄宿舎」として建築確認許可（及び消防許可）を取り、共に「検査済証」を取得する。但し、国の判断に異議を持つ特定行政庁があるので事前協議を実施すること。

2）既存戸建て住宅（０８０１０）は、延べ床面積が２００㎡未満の場合は、元の用途である戸建て住宅とし、ハウスシェアリング及びルームシェアリング方式を前提とすれば「寄宿舎」への用途変更は無用とする。これは共同住宅の住戸も同様とする。

3）既存不適格のうち、旧耐震基準の建物は耐震補強し、簡易判定１．０以上をクリアーするものとする。又、接道や建ペイ率や容積率、その他の既存不適格建築の場合は事前に当協会コンプライアンス部会で判断する。

4）その他、事務所、倉庫、店舗などの非住居系用途の場合は、建築基準法の用途変更手続きを必須とする。又戸建て住宅でも２００㎡を超える規模の住宅の用途指導は、所轄の特定行政庁と協議する事とする。

4．その他の指針

1）建築関係

① 今後、様々な被害地震発生が懸念されている事から入居者の安全が最優先である為、旧耐震基準の住宅は原則新耐震基準への建替えか、耐震診断の実施と安全基準数値迄の耐震補強及び内外装の準耐火仕様とし「耐震化促進」に貢献する。

② ２００㎡を越える場合、所轄の特定行政庁独自の基準（例えば東京都や横浜市の安全基準など）は遵守するが寄宿舎としての窓先空地は数値基準では無く、実際の避難通路（空間）が確保されているかを当協会基準で判断し主張する。

③ ルームシェアリングの場合避難路である廊下・階段部分（堅穴区画）の準耐火構造仕様及び個室の間仕切りも遮音性向上と防火性能向上の為に「界壁仕様」とする義務は無いが、安全性と居住性向上の為に可能な範囲で施工する事をすすめる。

2）消防関係

① 東京消防庁では、既に「シェアハウス」は「共同住宅」として指導しており入居者の安全性向上の為に、消火器や避難はしご、非常灯設置などの指導は遵守する。

② 新築は無論、既存活用の場合でも全て所轄の消防署へ「使用開始届け」を提出し、管理台帳に登録してもらう。

3）基本計画関係

① シェアハウス及びルームシェアリングの場合の個室の最低床面積は７㎡以上とし、採光等の条件は建築基準法及び各特定行政庁の定める法令を遵守する。

② ドミトリーに関しては、一人当り４㎡以上を確保基準とし且つ建物の延べ床面積÷１０㎡を上限入居人数とする。又違法貸しルームの指導を受ける固定壁で仕切らず、その他は協会基準に準じる。

4）安全性と安心の向上（国土交通省は特に災害（地震火災）を心配し寄宿舎指導を開始した）

① 震災対策用品　震災後、水道・ガス・電気が止まる事で生活が困難になる事を想定し当協会が推奨する最低限の「震災対策用品」を設置する。

② 非難訓練　年２回（１月・９月）に震災対策用品の点検や地域の給水拠点情報や帰宅ルートの確認、安否情報の受発信など基本的情報を共有化する。

③ 喫煙管理　室内喫煙の厳禁と万が一違反者が出た場合の退去処置を徹底する。

5）協会「登録ハウス」への掲載

既存及び新規は今後全て「協会登録ハウス」の審査を受け、協会のホームページに掲載・登録される様に努力する。

5．全国展開スタート

　シェアハウスは首都圏以外にもエリアを拡大しています。2013年頃から、北海道、名古屋、大阪、京都、福岡などの地方都市にも、徐々に増えています。東京のみで普及しやすいわけではなく、シェアハウス的な住まい方のニーズは、日本全国にあるのです。

　そこで、2013年には大阪支部（大阪市中央区・支部長：株式会社ドリーマーズ 菊地博行代表取締役）を開設しました。現在の会員数は13社で、シェアハウスの普及に務めています。

当協会代表の山本と大阪支部長（右）

　また、2014年には名古屋支部（名古屋市・支部長：株式会社シェア180（ワンエイティ）伊藤正樹代表）を開設、会員の拡大とシェアハウスの普及に取り組んでいます。

当協会代表の山本と名古屋支部長（左）

　以下にその状況を報告します。
（1）名古屋市のシェアハウスの状況
　　　　　　　　　報告　株式会社シェア180　代表　伊藤正樹

　名古屋市のシェアハウスは2011年頃から供給が開始されました。ただし、関東や関西と比較すると、普及のスピードは早くありません。理由は、シェアハウスの原型となるゲストハウスが少なかったためだろうと考えています。実際、2013年時点で名古屋市内にあったゲストハウスの専門業者は5業者以下です。関東、関西と比較すると名古屋市のシェアハウスは需要に対してまだ供給が少なく、伸びしろのある新規分野といえそうです。
　今後、名古屋市ではどれぐらいシェアハウスが増えていくのでしょ

うか。関東の人口とシェアハウスの増加の傾向から考えると、気質の違いを加味しても、2020年までには約2,500戸まで伸びると見込んでいます。

（2）入居者

株式会社シェア180への問合せ実績をみると、入居希望者の約6割は女性で、20〜30歳代が全体の約8割を占めます。関東とほぼ同様の傾向を示しています。

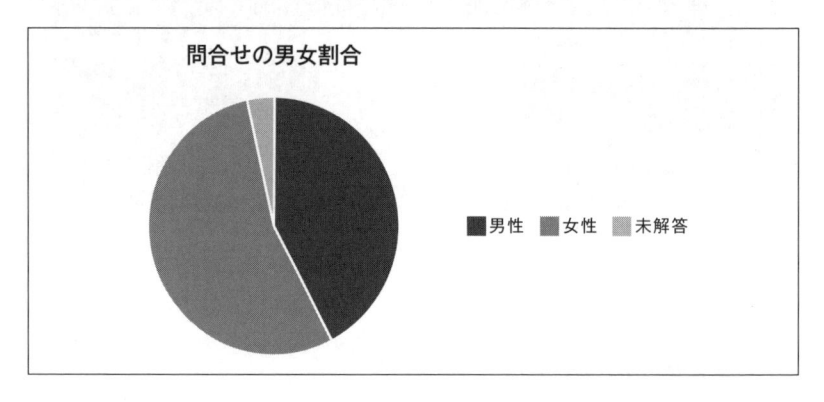

問合せの男女割合（男性・女性・未解答）

また、問合せの大多数は社会人によるものです。これは、仕事に拘束され自由になる時間がないなかで、人との出会いや、生活の変化を求める社会人が多いためと思われます。実際に、プライベートの充実や、今の生活を変えたい、といった理由でシェアハウスの見学にいらっしゃる方は多くいます。社交的な方が多く、入居者同士のコミュニケーションに魅力を感じ、入居をされる方がほとんどです。

一方で、シェアハウスに多いと思われがちな学生からの問合せは全体の10％以下にとどまっています。学生は時間が比較的自由なため、自ら物件を探し、ルームシェアをしてしまうためだと思われます。この仮説が正しければ、大学近くで学生をターゲットにしたシェ

アハウスを開業するのは、非常にリスキーだといえます。

名古屋特有の傾向としては、名古屋市内での移転者が多いことが挙げられます。今まで実家暮らしで、人生で初めての一人暮らし（複数人で住むので実際には一人暮らしではありませんが）がシェアハウスという人もいます。「実家からは出たいが、一人は寂しい」という入居者の思いに合致しているのではないかと思われます。また、家具が備え付けであり、礼金・仲介手数料がないため、手軽に引っ越せるのも大きな魅力です。名古屋市中心街のワンルームと比較すると、シェアハウスは初期費用を20万円以上抑えることができます。

（3）運営業者

2011年、名古屋市内にシェアハウスは約7棟しかありませんでした。それが、入居需要の高まりから年々増加し、2014年1月時点では、約35棟、戸数300戸以上に成長しています（当協会調べ）。これは2011年の棟数の約5倍であり、急増していることがわかります。

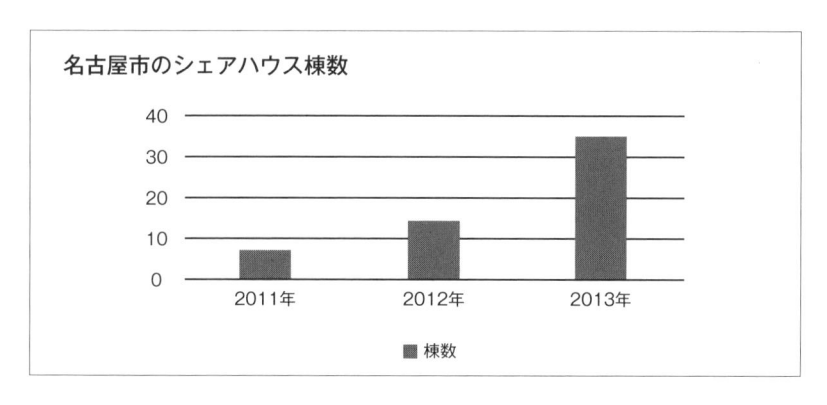

名古屋市のシェアハウス棟数

年	棟数
2011年	約7
2012年	約14
2013年	約35

名古屋市内のシェアハウスは、一棟当たり約9戸が相場です。こ

れには、戸建てやマンションのワンフロアなどを活用した小型のシェアハウスが多いことが起因しています。また、平均的な部屋の広さは6畳前後です。中には10畳以上の広さで、キッチン、シャワー付きの、充実した設備を持つ個室もあるようです。

コンセプト面では、若者の入居者が多いことから、名古屋市内の地下鉄の駅から徒歩10分圏内をうたい、名古屋市中心街へのアクセスの良さをPRする運営業者が多くみられます。個性的なコンセプトを持つ業者もおり、エクササイズルーム併設の高級住宅を改装したタイプ、外国人と同居できるタイプ、著名建築家の設計した新築デザイナーズなど、様々です。

なかでも注目されるのが、2014年4月にオープンした、起業家向けシェアハウス"ドリーシェ"です。名古屋の中心街、伏見駅近くにある、24部屋の中規模シェアハウスです。弊社は開業支援として、企画から携わらせていただいていますが、おしゃれなデザインで、起業家に特化した入居者を集めるなど、話題性の高いシェアハウスになっています。

名古屋市において、シェアハウス運営業者に支払う管理費は一体どれぐらいかかるのでしょうか。シェアハウスは「人を扱う事業」だとよくいわれます。入居者間の折衝など、人的管理で手間がかかるためです。運営会社の管理費は家賃の約25～30％前後が相場になるようです。一般賃貸の管理費より高めですが、不動産オーナー様と運営業者はサブリース契約を結び、業者が物件を借り上げるため、オーナー様には広告費や仲介手数料の負担がかかりません。

(4) ハウスオーナー様

最近、巷では不動産の供給過剰だといわれています。新築物件が

建築され続け、たくさんの遊休不動産が全国的に存在します。名古屋市も例外ではありません。空室対策に頭を悩ませる不動産オーナー様は多数おり、私たちも日々問い合わせをいただいています。名古屋市でハウスオーナー様になられる方は次のようなケースが多くみられます。

①長期空室の物件を持っている
②空室がちの「社宅」「寮」を何とかしたい
③「大型二世帯住宅」や「旅館」「病院」「工場」などの特殊物件で売却も賃貸もできないものがある
④「ホテル」「マンション」のワンフロアが丸ごと稼働していない。または稼働率が低く、経営が苦しくなってきた
⑤「高齢者専用住宅」の運営が立ち行かなくなった
⑥アパート、戸建て、介護事業など、一般的な資産活用は一とおり行ったので、目新しい活用をしてみたい
⑦若者の支援をしていきたい。社会に意義のある不動産活用を行いたい

　一般的に敬遠される物件もシェアハウスには最適、というケースも多々あります。どんな物件も、まずは専門のシェアハウス運営業者に相談することをお勧めします。
　名古屋市でシェアハウスに転用できるかどうかの簡単な判断基準は、①名古屋市内の地下鉄の駅から徒歩10分圏内、②延床面積70㎡以上（1,000㎡以上の物件も検討可能）——の2点です。新築・中古、築年数は問いません。
　それでは、実際にはどんなシェアハウスの転用事例があるのでしょうか。モデルケースをご紹介します。

【シェアハウス化の事例：Case1】

☆土地：約340㎡　家屋：約260㎡
☆木造二世帯住宅（居室6部屋＋LDK×2）、2003年築

　ご両親が他界され、子どもが独立。夫婦2人では広すぎ、清掃などの管理も手間になって、売却を検討する。しかし、大規模な戸建てで売却価格が高額になることと、二世帯住宅であることがネックでなかなか売却が決まらない。次に借家として借り手を探すものの、希望賃料が20万円と高額なため、長期間空室が続いた。

　そこで、東京で普及しているシェアハウスに着目し、"エクササイズルーム併設"、"最高級住宅"をコンセプトとした高付加価値シェアハウスとして2013年10月に新装オープン。満室想定では、オーナー様の手取り賃料が約30万円となり、当初の希望賃料に対して1.5倍となる。オープン後約4カ月で稼働率約90％という安定稼働を保っている。

　名古屋市内には、売却も賃貸も難しい物件が数多く存在します。しかし、明確なコンセプトを打ち出すことで、寮・ホテル・病院といった特殊物件や、条件の良くない遊休不動産や中古物件でも、シェアハウス活用が可能となります。どうしようもない物件だと思ったけれど、シェアハウスにしてみたらぴったりだった！　ということもあるわけです。シェアハウスは、コンセプトによって高い稼働率が実現する魅力的な不動産投資といえます。

【シェアハウス化の事例：Case2】

☆土地：約103㎡　家屋：約120㎡
☆木造新築戸建（4LDK）、2012年築

将来のマイホームとして、戸建てを購入。オーナー様の仕事の関係で、外国人や若者と多くの接点を持っていたため、彼らを支援する住居としてシェアハウスの運営を始めた。
　しかし、有効な集客媒体がなく、思うように稼働率が上がらない。想定外の入居者トラブルも続いた。1年間で入居者4名中3名が退去し、稼働率は低迷。そこで協会の会員である運営業者が集客と管理について提案。募集開始後1週間未満で既に数名の問合せがあり、内覧会に向け準備を進めている。

　名古屋市では、シェアハウスの集客媒体として確立されたものが少なく、入居者探しに苦戦することがあります。また、入居後のトラブルや退去を防ぐため、内覧会時には、トラブルになりそうな人の見極めが必要です。シェアハウスは居住者同士の関係が密接な共同住宅ですから、不満やクレームにつながる事例は一般の賃貸物件をはるかに越えます。「入居者の集客」「運営中の入居者トラブル・近隣トラブル」などの管理は、すべて専門のシェアハウス運営業者に任せるのがお勧めです。

（5）名古屋市の今後の状況

　名古屋市のシェアハウスは年々増加しており、2014年3月までには、約40棟を越える見込みです。
　また、これまでは1棟当たり9戸前後の小型のものが主流でしたが、最近では20〜30戸の中規模のシェアハウスが普及し始めています。大和ハウスは、2015年春に名古屋駅周辺に約130戸のシェアハウスを作ることを決定し、プロジェクトが進んでいるようです（2013年11月14日付　日経産業新聞）。名古屋市では今後も、中、

大規模のシェアハウス、新築やデザイナーズリノベーションといった高付加価値のシェアハウスが増えていくものと思われます。

（6）一般社団法人　日本シェアハウス協会　名古屋支部の活動

　前述のとおり、名古屋市はシェアハウスの急成長市場です。しかし、シェアハウス運営業者とそのコミュニティは少ないのが実態です。そこで、関連業者の情報交換、関係づくり、名古屋市におけるシェアハウスの認知度向上のために、「一般社団法人 日本シェアハウス協会 名古屋支部」を立ち上げました。以下の3つを目的に活動を行っています。

①名古屋市内のシェアハウスの状況について、最新の情報を提供し、認知度の向上を図る

②異業種会員同士のビジネスマッチングと販路拡大の機会を提供する

③勉強会・交流会によるシェアハウス関連業者の情報交換とコミュニティづくりを行う

　例）運営方法、入居審査、シェアハウス見学会、トラブル対応、各種契約方法、税務・法律相談など

第四章
シェアハウス事業者の紹介

（一社）日本シェアハウス協会代表理事
シェアプロデュース株式会社代表
山本久雄

特徴あるシェアハウスの概要と、開設した当協会の会員を紹介します（ただし、これはほんの一部です）。

1．ホワイトハウス桜台（東京都練馬区）
事業者　所有者個人　M様

2013年、「脱法ハウス」問題が起きたのと同時期に開業したシェアハウスです。当協会の代表理事の会社であるシェアプロデュース株式会社が企画監修を受託しました。

マスコミなどから、シェアハウス業界はグレーゾーン業界とも言われていたため、また無差別に取締りをはじめた国土交通省への反発もあり、オーナーさんとも協議して「ホワイトハウス」と名付け、空き家活用のモデルとして誕生させました。もちろん、即満室となりました。また、ここでは建物の所有者が事業者となり、当協会理事でもあるTAEMスキマジャパンがリーシング（集客）から運営管理を受託するという、個人開業型を応援するビジネスモデルを展開しています。

脱法ハウス問題で、各地のシェアハウスに建築＆消防の連合軍での現地査察が開始されました。しかしこのような健全な「空き家活用モデル」にクレームをつけられては、今後のわが国の「空き家」問題に大きな影響が出るため、当協会代表自ら、現地査察に立ち会いました。シェアハウスを開設したご家族の理由や安全面に対する管理体制など、当協会の威信をかけて対応し、結果、寄宿舎指導も受けることなく査察は完了し、まさに「ホワイト」になりました。

このシェアハウスのある練馬区も郊外を中心に空き家が増えており、行政としても健全な空き家活用を求めていたためで、そのいい

オーナー(事業者)主催の入居者歓迎会

見本として評価されたようです。

2．シェアハウスK（神奈川県厚木市）
事業者　神奈川県県央支部長　株式会社小島組様

　事業者は、1892（明治25）年創業の歴史ある会社で、神奈川県建設業協会の副会長を務めるなど、神奈川県の名門建設会社の一社です。また、社会福祉法人を設立し、介護事業や保育事業、その他ホテル事業やスポーツ施設事業、太陽光発電事業やシェアハウス事業など、建設業以外にも先駆的な取組をしている県内を代表する総合建設会社です。最近は新興国のカンボジアに拠点を開設し、今後の発展に貢献する取組を開始しています。

再生改修後の外観

室内は北欧風のインテリア。左奥は耐震補強の鉄骨

ゲストルームに特注のLED内蔵畳

入居者の皆様と事業者の小島組小島会長

3．シェアヴィレッジ川崎（神奈川県川崎市）
事業者　理事・大田区支部長　株式会社メイショウエステート様

　事業者は、不動産の仲介や賃貸はもちろん、マンスリー事業でも業界屈指の規模と実績を上げている大田区内大手の優良会社です。シェアハウスへの取組も早く、既に20軒に迫る規模です。また、国家戦略特区で東京圏（東京9区と神奈川県）が認定されることを先に読み、川崎市で貨物鉄道最大手の社員寮の再生でシェアハウスを開設。特区認定後のシェアハウスとしては間違いなく第一号です。将来、ビジネス関係者はもちろん、観光などである程度短い期間の入居者も受け入れるシェアハウスを開発するなど、一般の不動産会社とは大きく違う発想で市場開拓を展開し、将来の事業展開への期待が大きい会社です。

当協会理事・大田区支部長の落合氏（右）とシェアハウス担当竹内さん

第四章　シェアハウス事業者の紹介

シェアヴィレッジ川崎のエントランス

広々とした共用リビングと食堂

共用部では毎日国際試合（？）が行われている

4．コレントハウス元住吉（神奈川県川崎市）
　　事業者　理事　株式会社コレント様

　代表の安藤社長は不動産業界のプロです。女性を応援するシェアハウスブームのはるか前から取り組んでおられた、まさに業界の先駆者です。スタッフも全員女性で、女性ならではのセンスと気遣いの満ちたシェアハウスを各地に展開中です。不動産の知識と経験、そして様々な人脈を通じ、今後も良質のシェアハウスを展開される期待の会員事業者の一社です。

業界の先駆者　安藤社長

カラーデザインも統一さ
れたハイセンスな共用部

コンセプトは「頑張る女性を
応援する」です。くつろげる
共用部の演出は素晴らしい

5．アサンブラージュ（神奈川県横須賀市）
事業者　横須賀・三浦支部長　有限会社神田屋本店様

　事業者は、横須賀市で仲介、賃貸管理やマンスリー事業を展開している不動産会社です。また、責任者は、元大手ビール会社の勤務経験があるため、サービス精神が素晴らしい。今回紹介のシェアハウスは新築で、デザインはもとより、厨房には業務用の大型冷蔵庫や冷凍庫を完備するなど、共用部の充実度も抜群です。今後もシェアハウス事業を展開し、頑張る若者はもちろん、シニアの皆様も住まいとコミュニティで応援したいと張り切っておられます。

経営企画室長の小瀬村さん

新築の外観。レンタサイクルも用意

バーベキューもできる
開放的な中庭

落ち着く木目調の
インテリアの共用部

大型テレビや業務用大型冷蔵庫が完備

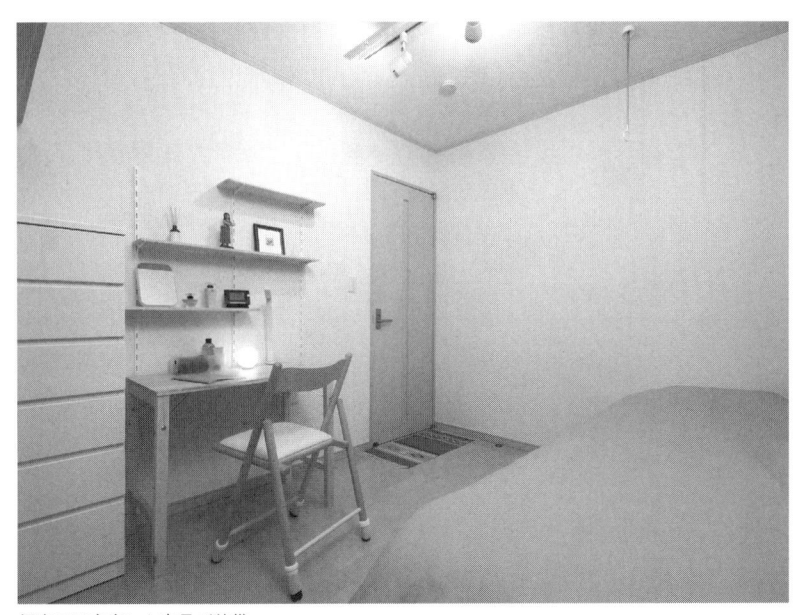

個室には充実した家具が装備

6. TABERU鷺ノ宮（東京都中野区）
事業者　中野区支部長　明成建設工業株式会社様

　事業者は、創業1926（大正15）年の区内でも有名な老舗建設会社です。本業の建設業以外にも各地でリフォーム事業や地域応援、スポーツ振興など、様々な社会貢献をされています。これからは頑張る皆様を「住まい」でも応援したいと考え、当協会設立後早期に入会されました。3代目の代表と社内スタッフが、食をテーマとしたシェアハウスシリーズや、創作者向けの展示ギャラリー付きシェアハウスなど、まさに新たな市場を開拓し、シェアハウス業界の質的向上に多大な貢献をしている素晴らしい支部です。

　写真のシェアハウスは「食べる」ことをコンセプトにした、同社2軒目の物件です。当然、料理大好き女性が集まり、即満室。ワイン会や鍋会、誕生日会や出身地の郷土自慢手料理会など様々なイベントを開催して楽しんでいます。

中野区支部長の西村社長（左）と担当の土方さん

ハイセンスな洋館

既存の洋館を再生したエントランス

広々とした共用部。家具などインテリアも社内の専門TEAMが担当

テーマが食べる（TABERU）ですから、いろいろなイベントを開催

第四章　シェアハウス事業者の紹介

入居者全員料理が大好きな女性で毎日が宴会（？）

入居者間の感謝の気持ちをカードにするとさらに嬉しくなります

7．Cosmos 駒沢（東京都世田谷区）
事業者　世田谷区支部長　コスモ・インタープラン株式会社

　世田谷区を拠点にした建設会社で、数年前からシェアハウス事業の将来性を感じ、既に十数棟のシェアハウスを開設。本業の建設・リフォームの技を活かして素晴らしいシェアハウスを作っておられます。建設業の多角経営のまさに見本となる会社です。

世田谷区支部長の堀川社長

高級住宅街に開設

クラシックカーの「カーシェアリング」

ハイセンスな共用部

落ち着ける「木」の香りのインテリア

トータルコーディネートされた個室

8．プリエ阿佐ヶ谷（東京都杉並区）
事業者　町田市支部長　有限会社ランドマスター様

　このシェアハウス内に当協会の事務局があります。築43年の空き家活用のモデルとして、国土交通省や東京都、そして様々なマスコミの取材、全国各地の建設・不動産関係者の見学など、毎週のように来場者があります。そして様々な取組を直にご覧いただき、テレビや新聞などで紹介していただくなどシェアハウスの将来性をアピールすることに役にたっています。

　また、6章で紹介している「家事代行ワークス」の第一号拠点でもあります。開設以来、地域密着型活動を通じ、開設3年で既に周囲にはシェアハウスを5軒（4軒は空き家活用、1軒は自宅併設の新築）開設しています。

庭では様々な交流イベントを開催

バーベキューに見学者も参加

入居者と地域の皆様の交流会

第四章　シェアハウス事業者の紹介

地域の皆様と「大人の茶会」

地域の皆様の要望で「家事代行ワークス事業」が誕生

93

紙面の関係で紹介は以上ですが、他にも「起業支援」や「シングルマザー応援」、シニアも入居できる「多世代共生型」など、当協会会員では様々なコンセプトのシェアハウスに取り組んでいます。

第五章
「脱法ハウス」問題と
国の規制

(一社）日本シェアハウス協会代表理事
シェアプロデュース株式会社代表
山本久雄

1.「脱法ハウス」問題と
　新たな規制を作る建築行政

　2013年5月、毎日新聞の「脱法ハウス」問題の記事が国土交通省を動かし、大臣自ら「今後速やかに調査と改善を厳しく指導する」と発言しました。このような規模の問題で大臣自ら記者発表することは異例です。社会問題として多数のマスコミにも取り上げられました。

　シェアハウスは最近新築も徐々に増えてきましたが、大多数は既存の建物の再生案件です。そのため、建築基準法の「用途変更」が問題になっていました。

　都心でも空き事務所が増えて、改修してシェアハウスに活用する事業が散見されるようになりました。法的には事務所や倉庫は非住居系建築物ですから、シェアハウスに改修する場合は、「用途変更」手続きが必要になります。ただし、非住居系から住居系に合法的に変更するには、窓からの避難路の確保や個室の有効採光など、多くのハードルをクリアしなければならないので、現実的には困難です。それを無届けで住居系にして貸したのが「脱法ハウス」問題です。しかも指摘を受けた物件は、個室の広さが2～3畳と明らかに劣悪な環境でした。

　当協会では、事務所や倉庫等非住居系の建物を活用する場合は、必ず役所へ「用途変更」を届け出ることを絶対条件としています。

　また、神経を使うのが個人住宅です。そこで当協会では今回の「脱法ハウス」問題が起きる2年前から自主基準を作り、会員に遵守していただいてきました。個人住宅に関しては、規模が200㎡（約

60坪）を超える大型住宅未満の場合、基本的に間取りを変えないこと、貸主とは5〜10年の定期借家契約を結ぶことを前提としました。そのため用途変更も無用です。事務所など非住居系を活用するわけではありません。個室を貸したり空き家を活用する手法として有効です。

　ただし、建築当初は、あくまで住宅で許認可を取り建てられているため、法的規制の多い寄宿舎などへの用途変更は現実的にできない場合が少なくありません。

　そうしたなか、2013年9月6日、国土交通省は、シェアハウスを「寄宿舎」として判断する通達を、全国の特定行政庁に出しました。

　その結果、当初は火災など多数の被害者を出す危険性のある劣悪なハウスを排除するために考えられた指導判断が、全てのシェアハウスに影響が及ぶ事態になりました。マスコミには「今回の国の判断で既存シェアハウスの約8割が建築基準法違反になり、今後の新規展開も難しく、シェアハウス業界は終わりを迎えた」という趣旨の記事が出ました。

2．過度な規制及び改善指導は、空き家活用の道を閉ざす

　当協会は早速対策を練り、都内の主な特定行政庁（区役所）へ「請願書」を提出しました。

　空き家の所有者の生活維持のためにシェアハウスとして活用させ

ていただいている物件も多数あります。危険極まりない脱法ハウスではなく、間取りも変えず家族同様に生活しているハウスもあります。国の指導とはいえ、一律に規制することは、建物の所有者（国民）の財産権を保障している憲法に違反するおそれがあり、強硬な改善指導または使用禁止等の指導を行った場合は、「行政訴訟」を起こす旨を請願書で伝えたのです。国の判断に従えば、実質的に空き家活用の道を閉ざすことになるため、全国で年々増加している「空き家問題」を抱える自治体は、私たち同様に悩んでいました。

3．「麻布十番事件」発生！　空きマンション活用の危機

　2013年8月、高級住宅地で知られる東京都港区麻布十番の分譲マンションで空き住戸の所有者が、シェアハウスに活用するため改修工事を開始したところ、管理組合が突然「使用禁止の仮処分」を東京地方裁判所に申請しました。個室の広さなど決して脱法ハウスのような小間ではなく、私たちからみてもなんら問題はない活用方法です。

　当協会は、事業関係者と顧問弁護士からこの件の相談を受けました。シェアハウスの軒数としては戸建ての空き家以上に空きマンションが多く、この仮処分が認められては、今後の空き住戸活用に極めて大きな問題になると考え全面的に支援しました。

　9月の国の寄宿舎判断と同時期でもあり、裁判所の判断が大変注目されましたが、同月24日、管理組合側の申請した「使用禁止の

仮処分申請」は却下されました。しかし、国の寄宿舎判断については全く触れられていませんでした。

　国は、寄宿舎判断をシェアハウス業界にのみ適用し、他人同士を住まわせるＵＲ賃貸のハウスシェアリングの場合は寄宿舎ではないとしており、極めて矛盾していました。その他、マンション自体の使用判断や管理組合の対応など、いろいろな矛盾点を主張したことも大きな勝因だと思います。

　現時点で、仮処分申請を却下された管理組合側は控訴しないようですから、事態は収束するのではないかと思います。

　空きマンションの活用の道が閉ざされずに済んだことは、シェアハウス業界だけではなく、不動産業界にとっても朗報であり、何よりも空き住戸を一家族に貸そうにもなかなか借り手がつかず困っている所有者にとっても朗報だと思います。

４．当協会登録ハウス第一号「ホワイトハウス桜台」誕生

　当協会が最も重要視するのが建物の安全面（特に耐震性）です。もし大地震が起きた場合、耐震基準が大きく変わった1981（昭和56）年６月以前の建物は旧耐震のため、全半壊の危険性が高いのです。万が一、大地震でも起きて死者など出すことは絶対許されません。

　また、都市型大災害の阪神淡路大震災の震災後の問題として、耐震性のないことを知っていながら告げずに売ったり貸したりし、そ

の建物が全壊し死亡者が出たケースで、遺族から売主や貸主へ損害賠償請求の訴訟が多数起きました。民事とはいえ緊急性があるため、長くても数カ月ほどで判決が出て、その大半が被告（被害者）側の勝訴になっています。つまり日本中地震がどこで起きてもおかしくなく、またそう遠くない時期に首都圏直下地震や東海・東南海・南海地震の切迫性が言われている現在、住まいに関わる者としては安全性は最重要課題であり、「耐震」は私たちの業界の大事なリスクヘッジでもあるのです。

　そうしたなか、東京都練馬区で築36年の「空き家」活用の相談をいただきました。建物は一般木造と比べ耐震性に優れているツーバイフォー工法で、現在の耐震診断対象からも除外されています。あわせて当協会のハード・ソフト面の審査基準もクリアし、当協会第一号の登録シェアハウスとして「ホワイトハウス桜台」が誕生しました。

当協会「登録シェアハウス」の
運用規則及び審査基準

実施　平成25年9月1日〜

一般社団法人
日本シェアハウス協会
登録HOUSE之証

一般社団法人
日本シェアハウス協会
地域応援型モデル登録之証

一般社団法人
日本シェアハウス協会

入居者の方の質の判断基準にもなるように今後普及に努めます

5．国の判断で「空き家・空き室」の
   シェアハウス化が可能へ

　2013年9月に、国土交通省の「シェアハウスの建築基準法上の用途は、特殊建築物の寄宿舎とする」との通達が出たことで、既存シェアハウスの立ち入り調査が行われ、各地で建築基準法違反とする改善指導書が出されました。一時は業者がシェアハウス事業から撤退する動きもみられました。

　それまでは、既存のシェアハウスは既存不適格（新たな法律や指導が出る前から存在する）の建物として一部は黙認されていました。しかし、国は9月の書面通達以前のシェアハウスも、用途は「寄宿舎」とするとの判断を示したとし、既存シェアハウスも場合によっては閉鎖になりかねない状況でした。

　当協会は当時業界唯一の法人団体であり、前述の麻布十番マンション仮処分の却下判断や国土交通省との交渉などについてマスコミにも紹介されたことで世間に存在が知れ、取材はもちろん、会員以外のシェアハウス事業者からも相談が相次ぎました。大げさかもしれませんが、当時は、この業界の存亡をかけて取り組んでいました。

　そうしたなかで、当協会は国土交通省と縁の深いUR都市機構のUR賃貸が「ハウスシェアリング」と称して膨大な空き室対策に取り組んでいることを知りました。早速、調査した結果、シェアハウスと多少の違いはあるものの他人同士が住むことに変わりはないのに、UR賃貸は寄宿舎指導の対象になっていないことが判明しました。現地の立ち入り調査も皆無です。私たちはこのことをマスコミ

に紹介し、彼らも独自に取材した結果、その事実を「ダブルスタンダード」、つまり、同じような事業形態にもかかわらず、厳しく指導する業界と指導しない業界があるとして、問題にしました。

　また、当協会はＵＲ賃貸以外の一般の賃貸業界においても、以前から「ルームシェア」として貸している事実を国土交通省に問いましたが、シェアハウス業界と比べ一般の賃貸業界ははるかに大きく寄宿舎規制をかけると大問題になるためか、ＵＲ賃貸同様に寄宿舎指導はしないとの判断を示しました。その後、この件で様々な不動産業界新聞が取材し、報道されました。

　結果として、シェアハウスであっても「ＵＲ方式」や一般賃貸業界の「ルームシェア方式」であれば寄宿舎指導を回避できることになりました。今後当協会としては、既存の戸建て住宅や共同住宅（マンション）の住戸に関しては、新しい建築基準法の施行令が決まるまでは、「ハウスシェアリング」方式で事業化することにしています。

住宅新報の紹介記事

6．新たな「脱法ハウス」を生む危険性

　今回の厳しい「寄宿舎」判断は、脱法及び違法ハウスの問題事業者を撤退させることには、確かに効果がありました。しかし、一方で、ハウスシェアリング方式及びルームシェア方式は規制外との判断が出たため、規制回避を悪用する事業者が既に現れています。

　最近増えている相談としては、今まで建築基準法上の特殊建築物である「寄宿舎」では利用できなかった敷地形態や道路形態にある物件を、UR方式で活用できるのであればシェアハウスとして転売したいというケースです。つまり法的に規制が緩い戸建て住宅地であれば、寄宿舎を合法的に建てられる土地より安価だからです。

　そのような事例が各地に現れ、万が一どこかのシェアハウスで火災でも起きて死者が出れば、昨年より厳しい査察が行われ、再度「寄宿舎」指導が更に厳しく実施されるのではないかと懸念しています。

7．社会の変化に即した「空き家・空き室」対策

　超高齢化と人口減少は確実に起こっています。つまり社会が大きく変化しているのです。既存の法律や社会システム自体が変化しなければ、いろいろな支障が起こります。しかし、何度も報道されているように、日本では規制緩和がなかなか進みません。

　今回の「寄宿舎」騒動も、国民の財産である自宅活用に関する新

たな規制なのです。しかし、近い将来さらなる「脱法ハウス」が登場しかねない状況を考え、現実社会に即した、より細かい指導基準を作ることが必要です。

たとえば、「空き家・空き室」を活用する場合の面積基準を示し、超える場合は「寄宿舎」とする基準を適用するなどです。既に福島県、鳥取県、愛知県など地方の特定行政庁は、シェアハウス同様寄宿舎指導の対象となる社会福祉施設である「グループホーム」の確保のために、お金と時間がかかる新築ではなく、「空き戸建て住宅」をスムーズに活用できるように「条例」を定めています。200㎡（約60坪）未満の場合は、元の用途である住宅として活用できるようにしています。

このように既存建物の規模や活用後の最大入居基準など、家族が住む住宅とほとんど変わらない活用法であれば住宅と判断してもいいはずです。そうしなければ今後も「脱法ハウス」が誕生する可能性が極めて大きいのです。何十年も前に作られた法律で、いつまで

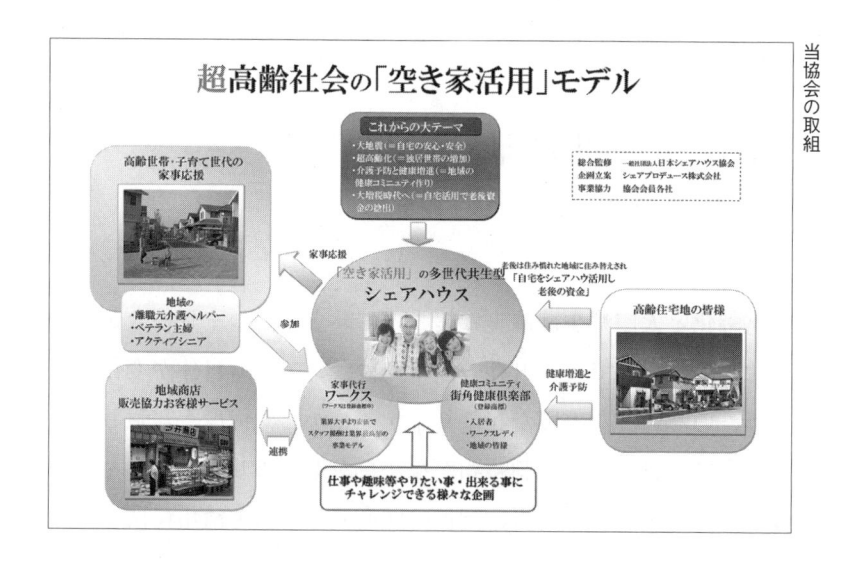

当協会の取組

も全てを判断するには限界がきていることを行政側も理解され、年内には建築基準法の施行令を改正することになりました。

8．議員立法で「新法」を目指す

　2013年9月、当協会は自民党の衆参61名の議員が集う「空き家対策推進議員連盟（通称：空き家議連）」の宮路会長（衆議院議員で自民党の最大政策集団清和研の副会長）に、空き家問題解決として「空き家活用」の提案をしました。宮路先生も空き家は大事な「地域資源」と考えておられ、私たちのシェアハウス活用や介護予防、家事代行など地域の応援につながる活用方法に賛同していただき、当協会主催で10月に開催した「空き家・空き室」問題をテーマとした緊急フォーラムにもメッセージをお寄せいただきました。

宮路会長（左）から「期待しています」とエールをいただく

今後、当協会は「空き家・空き室」活用の先にある、コミュニティのある住まい方を促進するために「(仮称) 共生型住宅基本法」を議員立法で制定することを目指したいと考えています。これは単にシェアハウスだけではなく、社会福祉施設や、母子家庭同士が住む形態、家族同士が住む形態など、他人同士が住む住まい方全てを対象としています。
　寄宿舎規制が一定の条件の下で外れれば、「空き家・空き室」活用はより進みやすくなります。そのためには私たちは多くの地域に貢献し、安心・安全なシェアハウスをたくさん作り、社会に評価していただかなければなりません。これが、私たちが目指す社会インフラとしてのシェアハウス普及構想であり、国の規制へのバリアフリー作戦なのです。

第六章
これからの
「シェアハウス」

（一社）日本シェアハウス協会代表理事
シェアプロデュース株式会社代表
山本久雄

1．新築シェアハウス普及の時代へ

　現在供給されているシェアハウスの大半は、既存の建物の活用です。戸建てや賃貸、寮・社宅などの空室が増え、比較的収益性と安定性のある再活用の一つとしてシェアハウスが選ばれたためです。
　さらに最近は、老朽物件の再生には耐震化や設備の交換、内外装の再仕上げなどで再生改修コストがかかり、建替えのほうが長持ちし、空間演出も実現できるため、新築によるシェアハウスも出てきています。これだけシェアハウスが注目され、高入居率であれば、新築でも収益性の高い賃貸事業になると理解されたためです。
　新築は当然耐震性も換気も新基準で作ることになり、居住性の高いシェアハウスを供給できます。当協会も今後推進していきます。
　ただし、新たな市場の発展のためには、金融機関から賃貸ローン融資が受けられるか否かが大事なテーマになります。今後、案件ごとに事業の将来性や収益性、地域貢献なども金融機関へ説明し、実績を積むことが大切です。数年後には金融機関も、空室の多い新築ワンルーム賃貸より新築シェアハウスのほうに融資したくなる時期が必ずくると確信しています。彼らは収益性を重視しますが、最も重視するのは事業としての継続安定性であると、いろいろな担当者から聞いています。
　当協会は、会員事業者の新築融資交渉の支援も行っています。現在大手ハウスメーカーは各地の金融機関に出入りし、土地活用などで共同営業を行っていますが、彼らはあくまで一般の賃貸の提案が武器です。そこで私たちが金融機関から信頼を勝ち取り、シェアハウスの提案をさせていただく機会ができれば、金融機関との「連携

作戦の成功」です。なぜなら大手ハウスメーカーは、住友林業を除きシェアハウス賃貸に取り組んでおらず、提案することができないからです。

　また、ほとんどの大手ハウスメーカーは賃貸管理子会社を持っており、どこも親会社に劣らない高収益を得ています。今まで当協会へは、積水ハウスや大和ハウス、ミサワホームなどハウスメーカーの営業の現場から個別にシェアハウス提案の相談をいただいています。最前線で戦い、高感度のアンテナを張っている優秀な営業マンは、シェアハウス人気をご存知だからです。あるいは、先を見ている建て主様側からシェアハウスの提案を依頼され、私たちを訪ねてこられるケースもあります。

　借上げや運営管理に関して子会社の管理会社と面談し、シェアハウスの運営管理に取り組むように説明してきましたが、どこも一般賃貸または高齢者賃貸で忙しく、大変な手間のかかるシェアハウスに取り組もうとはしません。「いくら会社の規模が大きくても現体制ではとても無理」と軽く断られます。つまり大手の一般賃貸は、知名度や信頼性もあり比較的高い入居率を維持しており、管理会社は高収益を上げています。したがって、おそらく大手はシェアハウス賃貸の運営管理に取り組むことは当分ないでしょう。

　しかし、営業の現場ではユーザー側の要望（シェアハウスまたは高収益事業の提案）が今後増えてくるので、建築の受注を取るために提案せざるを得なくなります。完成後は子会社の管理会社が相手にしてくれないわけですから、当協会の会員事業者の出番なのです。

　新築の場合は、規模によりますが建築確認申請上の用途は原則「寄宿舎」です。設計は他の単身向け賃貸住宅より魅力的な共用スペースを企画したり、個室には洗面台を設置するなど、将来を見据

えて女性に喜ばれる企画やシニア層やファミリー層とも共生できる企画も提案しています。

2．事業リスクと将来性

　どのような事業にもリスクはありますが、シェアハウスは住まいであり、貸主側にも借主側にも様々なメリットがあります。何より極めて小さい市場です。しかも経済的メリットがあり、入居のハードルが低いこともあって年々人気が上昇し、高品質のシェアハウスは供給が不足している状態です。したがって、これからの賃貸事業では介護系の高齢者賃貸同様、伸びる余地はかなりあると確信しています。
　これからは、供給過剰のワンルーム賃貸はハイリスクで、シェアハウスはローリスクだと断言します。

3．シェアハウスは賃貸業ではなく、 「サービス業」

　分譲でも賃貸でも住まいを選ぶ場合の判断基準として、立地にこだわる方や生活環境にこだわる方、または将来の資産価値にこだわる方など人によって様々です。しかし賃貸に関しては、購入と違い「資産」とは考えませんので、多少の経済的負担を覚悟すれば住み替

えが比較的簡単にできます。

　また、家族の場合は、勤務先や学校や病院など生活面が充実していることが住まいを選ぶ大きな判断基準になります。一方、単身者は、家賃はもちろん、入居時の一時金負担や生活費の少なさなどを判断基準とし、シェアハウスの場合はさらに共同生活の楽しさ、ワクワク感、仲間や友人ができるなどの付加価値を期待している方も少なくありません。したがって、そのニーズに応え満足していただけるコンセプトや運営管理などが必要です。

　つまりシェアハウスは従来の賃貸住宅ではなく、「サービス業」という認識が大事なのです。そこで、当協会の会員事業者が取り組んできたコンセプトや、企画中の新たなコンセプトを紹介します。全てこれから必要とされるコンセプトであると考えています。

（1）「多世代共生型」シェアハウス

　一人暮らしをしているのは、いまや若者だけではありません。未婚化の影響もあり独身の単身中高年者もさらに増えていくでしょう。現在、自宅以外の単身高齢者用の住まいといえば、介護体制が整い将来は安心だが安くない「有料老人ホーム」か、比較的安価だが画一的で高齢者だらけの「サービス付き高齢者賃貸住宅」しかありません。そこで私たちは各地に20～70歳代が暮らす多世代共生型シェアハウスを作り、いろいろと実験をしています。

　人生経験や価値観の違う人たちが共同生活するわけですから、いろいろな問題は起こります。それでも、同様にいろいろなメリットを理解していただくことで解決し、新たな世代間の人間関係が生まれます。これは社会生活をする上で不可欠なことであり、たとえば職場も年長の上司とも上手に付き合うことで成り立っているわけで

すから、特別なことではありません。

しかし最近は、仕事の専門化により、人との接点がなくなり、パソコンだけを相手にする職種も増えています。それだけに、多世代間の接点がある住み方は若い世代の社会性も向上するいい機会と考えています。

多世代共生型シェアハウスの例

また、高齢者も自宅以外で老後の住まいを選ぶ場合、高齢者ばかりの介護系施設を選ぶか、多世代同居でいろいろな刺激があり自由なシェアハウス生活を選ぶか、選択肢が増えたわけです。私たちはこれを老後の「第三の住まい」と位置づけています。

私は前職の介護業界のコンサルタント会社で、様々な介護会社の要請を受けて介護施設の開設に携わってきました。

高齢で要介護状況になってしまった場合、在宅介護は同居家族の世話も大変になり、経済的負担も大きいですから、本当は自分が気に入らない施設でも、負担軽減のため、しぶしぶ入居される方が多いのです。

また、今は元気でも、歳を重ねるごとに将来の介護の不安や毎日の食事や住まいの維持管理から逃れるため、老人ホームや高齢者賃貸住宅に入居する方も増えています。しかし、病気や要介護状態によっては入居し続けることができない介護施設も少なくありません。

病院では外科や内科、循環器科や神経科など専門分野が分かれていますが、介護施設も実は同様です。機能障害やマヒの場合はリハ

ビリテーションの専門家がいる施設、認知症の場合はグループホームなど、病気を併発した要介護状況であれば医療系の施設が適切となるのです。ですから私は、元気なうちから老後の施設を決めるのではなく、いざ「要介護」または「病気」になったときの心身の状況と経済状況を考えて、次の住まい（施設または介護系ホームなど）を選ぶべきではないかと思います。そうしなければその施設でケアできない症状になった場合は退所することになります。もちろん、入居時に説明を受けて契約しているはずですが、しばらくすると忘れるものです。

　私は、元気なうちは、多世代共生型シェアハウスで過ごしたいと思っています。シェアハウスでの長年の共同生活が縁で、退去時は盛大に「送別会」を開催してくれるかもしれませんし、転居先に見舞いに来てくれるかもしれません。そうなれば素晴らしいことではありませんか？　楽しい老後を送りたい方はぜひシェアハウスに入居され、頑張る若い方々を応援していただければ、世代を超えた友情が芽生えると信じています。

（2）「地域雇用創出型」シェアハウス

　当協会の事務局があるシェアハウスは、既に地域の商店と連携して「家事代行事業」を開始しました。現在は室内の掃除が中心ですが、ここで様々なノウハウを得て今後各地のシェアハウスに併設を提案する予定で、「ワークス事業」と名付けています。当協会の会員であるシェアプロデュース（株）が取り組んでいます。

　今後、家事代行（介護保険制度上は生活援助）は、財源問題もありいずれ介護保険の対象外となる可能性が高く、在宅介護家庭にとって大変な問題です。それを見越して介護事業大手のニチイ学館

シェアハウスを拠点とする家事代行事業の第1号

などは既に家事代行事業を開始し、年々売上げを伸ばしています。家事代行は地域サービスの大事なインフラになります。高齢化率の高い地域には、今から家事代行事業の拠点を作る必要があります。

事業主体の代表（中央）と採用された「ワークスレディ」の皆さん（元介護ヘルパー）

第六章　これからの「シェアハウス」

家事代行事業のパンフレットを
置いていただいている応援団
地元の文房具屋さん

家事代行事業の応援団　地元のお茶屋さん

店先にパンフレットを置いて、お客様に渡していただきます

（3）「フリーランス応援型」シェアハウス

　日本の経済活動は既に成熟し、今後大きく国内経済成長に貢献し、同時に大きな雇用を生むほどの「新規産業」が生まれる可能性は少なくなったといえます。社会問題にもなっている非正規社員の割合が30％を超え、就職先が見つからない未就労者は数百万人といわれています。

　そのような状況下で頑張る若者を少しでも応援しようと、私たちはシェアハウスの運営管理業務を入居者に業務委託する「ワークシェア制度」を起案し、大変好評を博しています。

　一人暮らしの場合自分でしなければならないことを特定の入居者に委託し、業務委託費を支払うことで入居者の生活を応援しています。この仕組みによって、実はシェアハウスの事業者は手間や人件

費を抑えることができます。また、従来は、管理するシェアハウスに頻繁に足を運ぶ必要があったため、物件は管理業者からある程度近い場所に限定されていました。それが、東京郊外の町田市や神奈川県海老名市の運営業者が、収益性の高い都内の目黒区や文京区のシェアハウスを運営することもできるようになったのです。つまり、業務委託費により入居者も喜び、入居率もあがり（＝高稼働率）、管理会社の手間も減るなど、双方にメリットがあるという、まさに「ワークシェア」のモデルシステムなのです。

（４）「出会い＆子育て応援型」シェアハウス

　日本の少子高齢化の流れはなかなか改善できず、むしろ加速しています。そうしたなか、これからは男女の出会いの場としてのシェアハウス活用にも取り組んでいきます。

　以前、宮崎県で空き民家を改修し、地元と都会の単身者が共同生活することで、地元の生活になじんでもらい結婚へと発展させようという、町の婚活支援企画が新聞で紹介されていました。まさに公営のシェアハウスです。

　最近は民放のテレビ番組でも、地方の自治体と組んだ合同お見合い企画が放映され、高視聴率を上げています。シェアハウスでしばらく共同生活をすることで、相手のこともよくわかるのではないでしょうか。その上で結婚すれば、離婚もかなり減らせるのではないかと勝手に考え、出会い型シェアハウス（仮称）なども今後のテーマの一つとして考えています。経済的にも厳しくなることが多い「シングルマザー」の増加も抑えられると思います。

　また、私たちは、シェアハウスの機能に子育て支援事業を併設することも考えています。このような応援コンセプトのシェアハウス

には、元保育士や看護師、栄養士や調理師の老若男女に住んでいただき、あるいは老後の地域貢献や副業として、この事業に参加していただくこともできるわけです。もちろん、ボランティアではありませんので、新たな雇用を生むことにもなります。ある程度の報酬を支払っても、ニーズはかなりあることがわかっています。そして将来的には、現在ニーズの高い「住」の機能に＋会食＋地域コミュ

シェアハウスの"ワークシェア制度"

平成　年　月　日

シェアハウスコーディネーター及びクリーンマネージャーは一般社団法人日本シェアハウス協会の認定資格で、研修を受けていただきます。

◇シェアハウスコーディネーター（下記業務を全て担って頂く方）（略SHC）

主な業務内容
①広報業務　　新規入居者への説明及びマスコミ取材等への対応等
②管理業務　　生活ルールの遵守・共用部の定期清掃・ごみ出し・共用備品の整理整頓と在庫管理・月次経費報告等
③運営業務　　各種イベント 各種イベント企画運営・共同購入管理運営等

報酬　　　　　　　　　　円（1名の場合）

※但し原則はSHCの業務を、下記の様に「ワークシェア」する予定です。

◇クリーンマネージャー（研修有り）
業務内容　共用部の清掃、共用品の整理・整頓
報酬　　月額　　円×1名又は　　円×　名
業務頻度　週1回程度

◇エコマネージャー
業務内容　①ハウス内・外全体のごみ出し　②節電・節水管理、入居者への改善指導
報酬　　月額　　円
業務頻度　①週1～2回程度　②都度

◇グリーンマネージャー
業務内容　内・外共用部の植木類及び庭の維持管理
報酬　　月額　　円
業務頻度　回数は特になし（常に片付けられている状況の維持）

◇アカウントマネージャー
業務内容　①共用部の消耗品の交換、購入管理
　　　　　②消耗品＆厨房関係の共同購入の管理及び月次清算
報酬　　月額　　円
業務頻度　①都度　②月1回程度

◇イベントマネージャー
業務内容　定例会議や各種イベントの企画立案・運営
報酬　　月額　　円
業務頻度　月1回程度

ニティがある、新しいビジネスが生まれる可能性があります。

　他人との交流が絶対に嫌な方はそもそもシェアハウスを選びません。人によって差はありますが、他人との関係の複雑さを逆に自身の勉強や人脈の拡大、そしていろいろなスキルアップに結びつけて考えている方も少なくないのです。そんな彼らや彼女らの力を借りないのはもったいないことなのです。何度も言いますがシェアハウスは頑張る人材の宝庫なのですから。

(5) 地域の「介護予防＆健康応援型」シェアハウス

　日本は、世界一の超高齢社会になり、今後ますます介護予防・健康維持の意識が高まるでしょう。そこで、地域支援のコンセプトとして介護予防や様々な健康増進施設を併設するシェアハウスの普及が重要になります。シェアハウスの入居者の中には医療・介護系の仕事に従事している方も少なくありません。また、医療や介護の第一線を引退されたベテランの単身者もおられます。彼らの経験を生かして、一緒に住みながら１階で介護予防などの事業に取り組むことも考えられます。

　私たちは、シェアハウスを通して、地域支援と様々なコミュニティが生まれる仕組みを作ることも大事なテーマだと考えています。

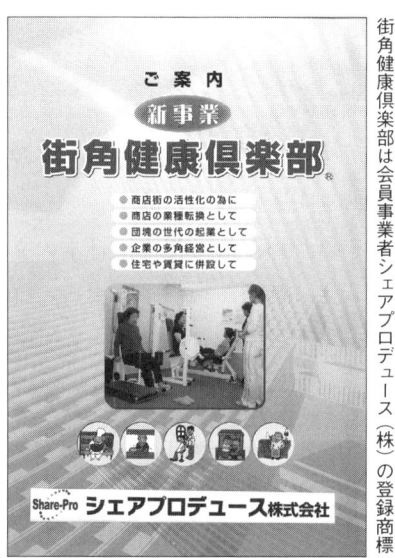

街角健康倶楽部は会員事業者シェアプロデュース（株）の登録商標

ご案内
新事業
街角健康倶楽部
● 商店街の活性化の為に
● 商店の業種転換として
● 団塊の世代の起業として
● 企業の多角経営として
● 住宅や賃貸に併設して

Share-Pro シェアプロデュース株式会社

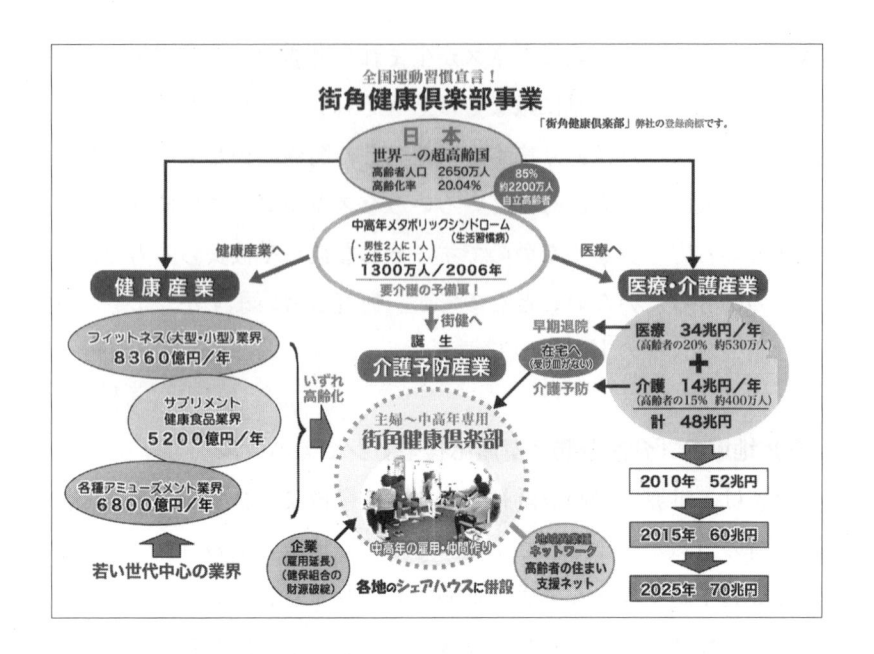

（6）「多国籍型」シェアハウス

　東南アジア諸国に負けじと、日本政府が進める「国家戦略特区構想」で、大都市の規制緩和を進め、国際都市構想で海外から様々な企業を誘致する動きが始まりました。地方都市でも農林水産業に従事する人材確保や輸出の拡大戦略として、海外からの移住者を迎える動きが広がっています。

　そのため、都市部では日本の文化を知りながら生活できる住居のニーズが増え、また地方では空き民家を再生して住居とするなど、まさにシェアハウスが必要になるでしょう。

　私たちは、各地の「限界集落（超高齢化した村など）」に都市から若者と外国人が移り住んで観光や農林業を活性化し、新しい村を再生する事業にも取り組みたいと考えています。地方にもシェアハウスができれば、都会のシェアハウス入居者の皆さんが観光旅行や農

第六章 これからの「シェアハウス」

業の応援などで地方に出向き、地元の皆様と楽しく交流することもできます。「日本再生」への貢献もシェアハウス事業で目指せるのです。

国家戦略特区「東京圏」の神奈川県川崎市に開設した多国籍共生型の第1号シェアハウス。事業主体：当協会理事メイショウエステート

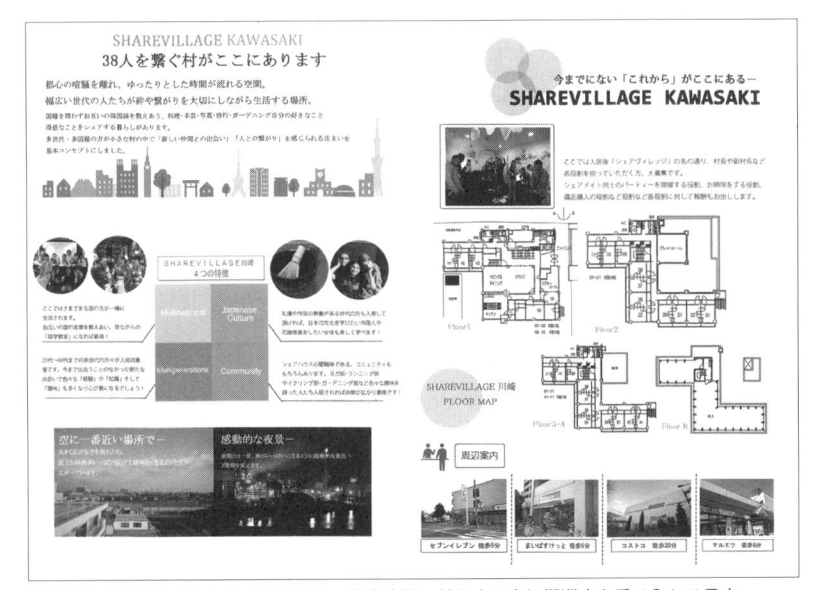

旅館業法が特区内では大きく緩和予定。決定次第、外国人の中短期滞在も受け入れる予定

（7）「婚活応援型」シェアハウスで出会いと成婚へ

　わが国の少子化は未婚者の増加や晩婚化が大きな原因です。その要因には所得水準の低下が挙げられていますが、共稼ぎで贅沢を求めなければ結婚できないわけではないと思います。本当の原因は、「出会い」の機会がないか、作らないからではないでしょうか。また、せっかく結婚して子供までいるのに離婚して、シングルマザー・ファザーとなる人も増えています。

　ある調査によると離婚の一番の原因は、「性格の不一致」だそうです。若い頃は容姿を重視しますが、確かに長い夫婦生活を続ける上では性格が一番大きな問題なのです。恋愛中は何を見ても聞いても素敵に見え、その勢いで結婚した結果、いろいろな食い違いが生まれ、そして理想と現実の違いに唖然とし、最初は耐えていてもそのうち我慢の限界がきて、離婚となるのでしょう。そこで私たちが検討しているのは、共同生活を基本とするシェアハウスで数カ月程一緒に過ごし、お互いの「本性」を探ることです。シェアハウスにおいて朝や休日、そしてイベントや食事会などで頻繁に会えば、どんなイケメンでもそのうち意外と冷たい人だったとか責任感がない人だったなどと正体がばれるわけです。しかし、容姿はいまひとつだけど優しい男性だということが分かれば、どちらを選ぶか冷静な判断ができるのではないかと思います。結婚は一生を共に過ごすわけですから、性格が何より大事だということは皆さん理解されていると思います。しかしいくらデートをしてもパーティやイベントで時々会っても全て「表の顔」ですから、本当の性格まではなかなか分からないものです。またかつて多かった職場結婚は、比較的離婚率が低いとも言われます。それはお互いが職場で仕事への姿勢や責任感などを知り、ときには飲み会などでお酒が入ることで本性も垣間見

えるなど、時々会うカップルよりはるかにお互いを知ることができ、その上で結婚するからだと思います。そこで、さらに確実な人間観察の方法として、シェアハウスでしばらく同居生活（同棲ではありません。清い関係です！）を行うことで、より相手の性格などを観察できて、理解し合えると考えています。

　ぜひ、このコンセプトのシェアハウスを早く企画したいもので、現在は「（仮称）婚活ハウス」というネーミングしか浮かびませんが、素敵なネーミングを募集しています。

（8）「震災被災地復興応援型」シェアハウス

　日本は首都圏直下型地震や東海・東南海、そして南海の巨大地震が近い将来確実に発生すると警告されています。そこで当協会は既に震災復興住宅案として、様々な機能を持ち、工期も短く安価な「震災被災地復興応援型シェアハウス案」を開発しました。観光資源のある地域の活性化の拠点としても活用できるので、今後いろいろな方面に提案していくことを計画しています。

『被災地復興型』シェアハウス計画（案）

被災地には今後膨大な **住まい** と **様々な仕事** そして **コミュニティー** が必要です。
それを実現出来るのがこの **シェアハウス計画** であり、ふるさとの復興に頑張る被災した若者や高齢者そして母子・父子家庭等が集い支え合う住まいです。

今後被災地は復興関連そして観光やボランティアで長・短期の宿泊ニーズは増加します！
何よりここでは、地元の頑張る皆様との交流が出来ます！

スマートシェアハウス 案
コストが合えば、太陽光及び様々な省エネ型装備をしたシェアハウス 案）を企画します。

シェアホテルゾーン　　一般シェアハウスゾーン

2・3階平面図

街角健康倶楽部（登録商標）
高齢者の介護予防そして地域と入居者の皆様の健康支援と交流拠点へ。

地域家事 住まい 応援事業拠点
ウーマンカンパニー東北 例）

高齢者ゾーン　　共有スペースゾーン

1階平面図

地元の特産物
畑 野菜・果物（ハーブ等）

イベントスペース
朝市・ガレージセール

高齢者ゾーン 新たな共生型住まい
コミュニティーの少ない仮設住宅や一般賃貸へ住む高齢者の移転先として提案。
ここでは適性次第で様々なお仕事等で活躍（＝生き甲斐）していただきます。
例）シェアホテルの管理運営やリネン
・共有スペースの清掃や郷土料理作り
・野菜や果物の栽培

女性の「住まい」と「仕事」を作る
このシェアハウスを管理運営するのがシェアハウスコーディネーターであり、シェアハウスが完成する迄は都内のシェアハウスに住み研修でノウハウを取得し、いずれ被災地に戻り「住まい」と「仕事」が出来る仕組みです。
復興型シェアハウスの増加＝被災地の住まい・仕事の増加へ

このコーディネーターの資格や経験があれば様々な高齢者施設や分譲や賃貸マンションの運営の仕事にも採用され易くなると思います。

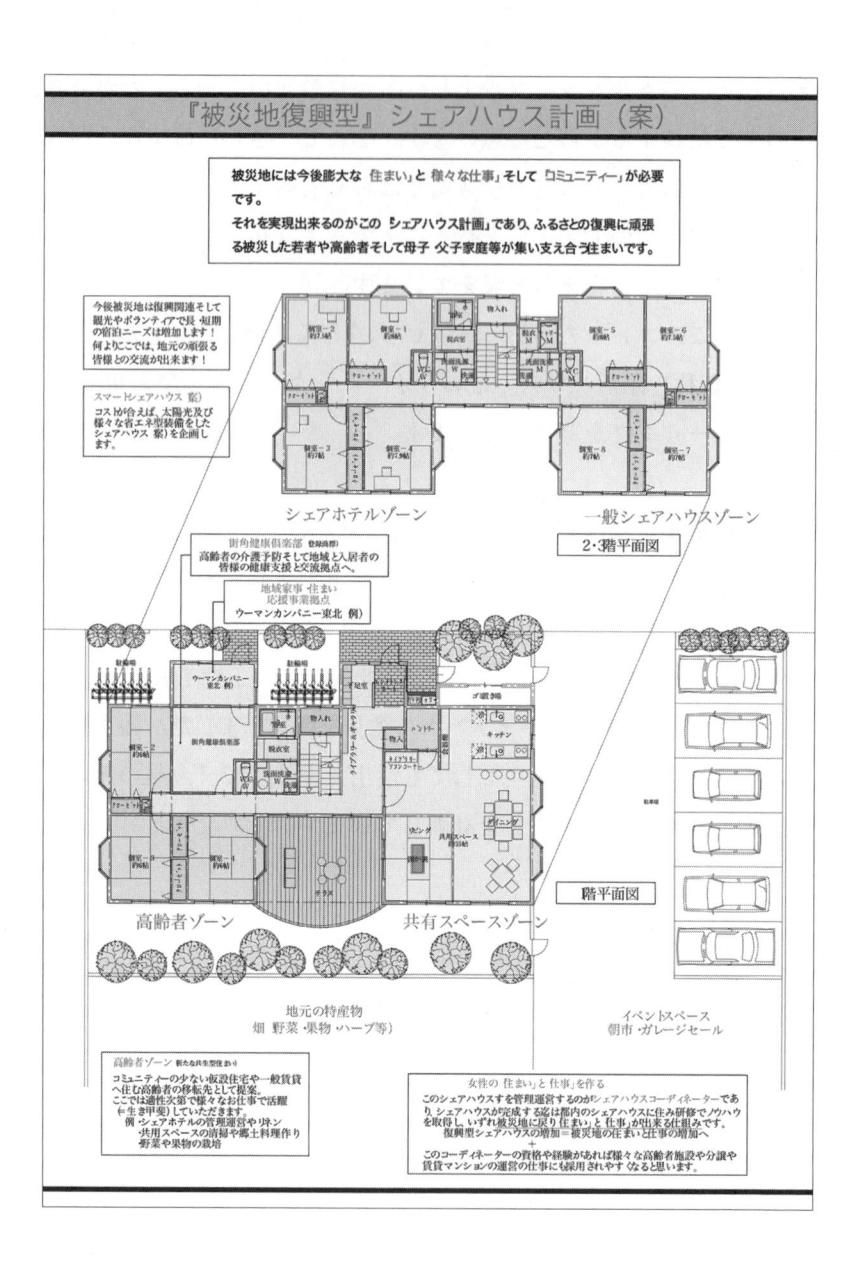

第七章
シェアハウス事業への"参入"のすすめ

(一社)日本シェアハウス協会代表理事
シェアプロデュース株式会社代表
山本久雄

1．不動産賃貸業界のからの「参入メリット」

　日本は、少子超高齢化・人口減少で、不動産市場も確実に縮小傾向にあります。賃貸住宅の空室や戸建ての空き家がますます増えます。また地方では既にコンパクトシティ化が進んでいます。不便な郊外から、住まいや公共施設などを都市部に集中させる動きです。この動きは今後都市部でも生まれるでしょう。その際、空き家活用やコミュニティを大事にした住まいとしてシェアハウスが重要な役割を担います。不動産賃貸管理会社が取り組むことができれば、新たに様々な不動産事業に関わることが可能になります。

単なるルームシェアはリスクが大きい
　現在、家族向け賃貸住宅の空室が増加しています。家賃を払うならローンを組んで家を購入したほうがいいと考える家族が増加しているからです。そのためルームシェアができる物件が多くなっています。
　しかし、ルームシェアの問題点は、入居する者同士（シェアメイト）が家賃を負担しあうので個人負担は安くなりますが、万が一シェアメイトが1人でも退去すると残留者の家賃負担が増えることです。それが原因で解約する人が多くなり、結局空室になってしまいます。シェアハウス事業者が介在し、借り上げて転貸する方式のほうが貸主も安定した家賃を見込めます。そのために、シェアハウス事業のノウハウを持った私たちは「ハウスシェアリング」方式で、新たなルームシェア事業を誕生させました。

一般賃貸住宅と運営管理業務の違い

　一般の賃貸住宅の場合は「管理受託」というのが一般的ですが、シェアハウスの場合は「運営管理受託」といいます。この「運営（オペレーション）業務」が極めて重要になります。運営次第で人気（高入居率）不人気（低入居率）が決まるといっても決して過言ではありません。参考までに、それぞれの主な業務の比較表を紹介します。

参　考

"一般賃貸"と"シェアハウス賃貸"管理業務　比較

なぜ、運営管理受託費用が多くかかるのか？

シェアプロデュース株式会社
監修　一般社団法人日本シェアハウス協会

比較内容	一般賃貸	シェアハウス賃貸	備　考
1．運営管理受託料率 （借上の場合）	家賃総額の5～7％ （10～20％）	家賃総額の10～20％ （30～40％）	それでもオーナー様の手取りはシェアハウスの方が多い。
2．管理会社の別途収益	入居時都度の仲介料及び更新時の更新料半額（先々も入る仕組み）	一切無し	
3．契約業務	2年毎の自動更新	3・6・10月の定期建物賃貸借の為都度再契約	但し事業者により変わります。
4．共用部の範囲	エントランス・廊下・階段・EV・ゴミ置き場等 個室以外	エントランス・室内廊下・階段・EV・居間・食堂・厨房・洗面・便所・浴室等 個室以外全て	
5．家賃・共益費集金その他相談	同じ規模の建物で比較するとシェアハウスの方が、ほぼ倍近い入居者数がおり、管理対象者が断然多い。		
6．共用部の生活消耗品類 補充～交換・洗濯等	共用部はエントランスや廊下程度と対象は少ない。	共用部は上記4．の様に広く、電球類・各種洗剤類・トイレットペーパー・キッチンペーパー補充や手拭タオル・足マット類の洗濯（週2回）等多い	

7. 相談対応体制	緊急（漏水・火事等）以外はほとんどが営業時間内対応	共同生活の為、緊急問題は無論、対人関係の問題対応の為に２４時間受信体制へ	
8. イベント企画・運営支援	ほとんど無し	平均２～３ヶ月に１回の定期イベント企画の為の各種打ち合わせ発生	
9. 現地巡回の頻度	月に数回程度、主に共用部の点検程度	共用部のタオル・マット類の洗濯～交換で週２回以上で一般賃貸より広い共用部の点検有り	
10. 入居者との各種会議	全く無し	歓迎会や入居者会議（生活ルール・節電節水等の促進・共同購入関係・他）イベントも含め３ヶ月に１回程度開催の開催段取り	
11. ワークシェア企画管理	全く無し	開設時の業務委託契約及び研修管理指導、及び先々の新任者も同様	この制度は評判が良く入居者募集時にも効果有り

最後に

　同じ規模の建物の場合で比較すると単身者向け一般賃貸住宅よりシェアハウス賃貸の方が部屋数（入居者数）が圧倒的に多く、しかも共同生活ですから色々と調整する事が有り、運営管理面の業務の種類と量は桁違いに多くなります。

但し、オーナー様側としては

　一般賃貸と比較して、シェアハウスは日々の生活環境を保つ為に清掃等で環境整備されていますので、資産価値は下がらないと思います。又繰り返しですが、シェアハウスの基本設備（トイレ・洗面・浴室・厨房等）の数が少ない為、出入り時の修理費用や将来的な交換コスト負担が少なくなります。

２．不動産分譲及び投資業界からの「参入メリット」

　現在、当協会の分譲及び投資用開発部会では、シェアハウス賃貸物件の投資商品や単身者向け「ホームシェア」のマンション版（自

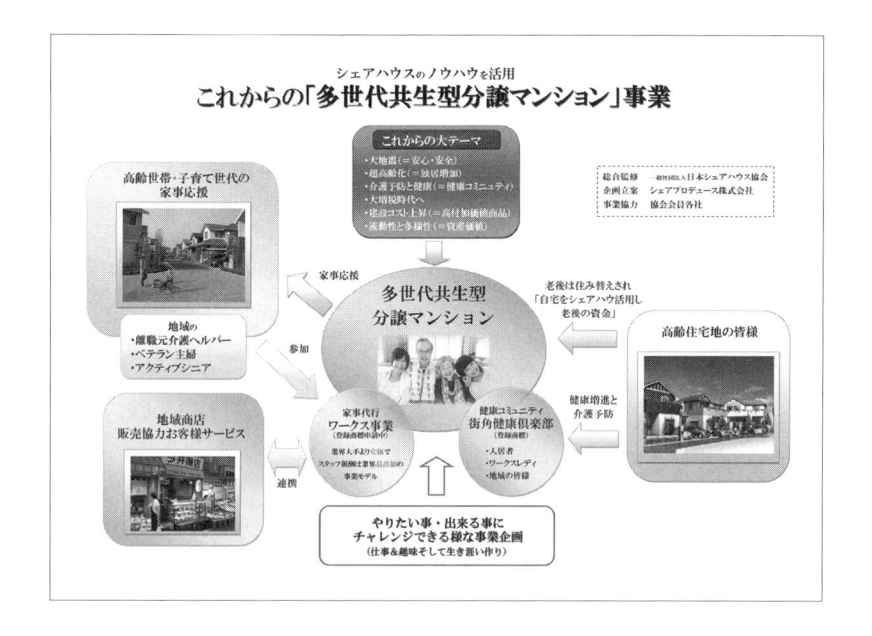

室＋貸室）も開発しているところです。

3．建設・住宅業界からの「参入メリット」

　新たな賃貸事業として様々なメリットのあるシェアハウスは、これからも確実に拡大成長します。シェアハウスには、従来の賃貸事業と大きく違う点があります。それは一般の賃貸事業の提案と違い、どこの建設会社も大手住宅会社さえも、シェアハウス賃貸事業を提案できないということです。なぜならどんなに収益性が高いと分かっていても、提案後の借上げや運営管理を担う管理会社をセットで提案できないからです。厳密にはどこかのシェアハウス事業者と組めば可能ですが、様々な大手管理会社が多数存在する一般の賃貸業界

と違い、シェアハウス業界は小さな事業者しかありませんので、現実的には難しいのです。

　また当協会も大手賃貸管理会社各社にヒアリングしていますが、どこも大変手間がかかり、しかも市場の小さいシェアハウスの運営管理を受託しないとの見解です。そのため、大手住宅会社からも当協会へ運営事業者の紹介を求めて来られるのです。したがって、大手の建設・住宅会社がシェアハウス賃貸事業に参入することは当分ないと考えています。したがって、新たにこの事業に参入すれば、競合もなく、新築や改修工事を独占的に受託できることになります。建築営業で「競合しない賃貸事業はシェアハウスだけ」といっても過言ではありません。

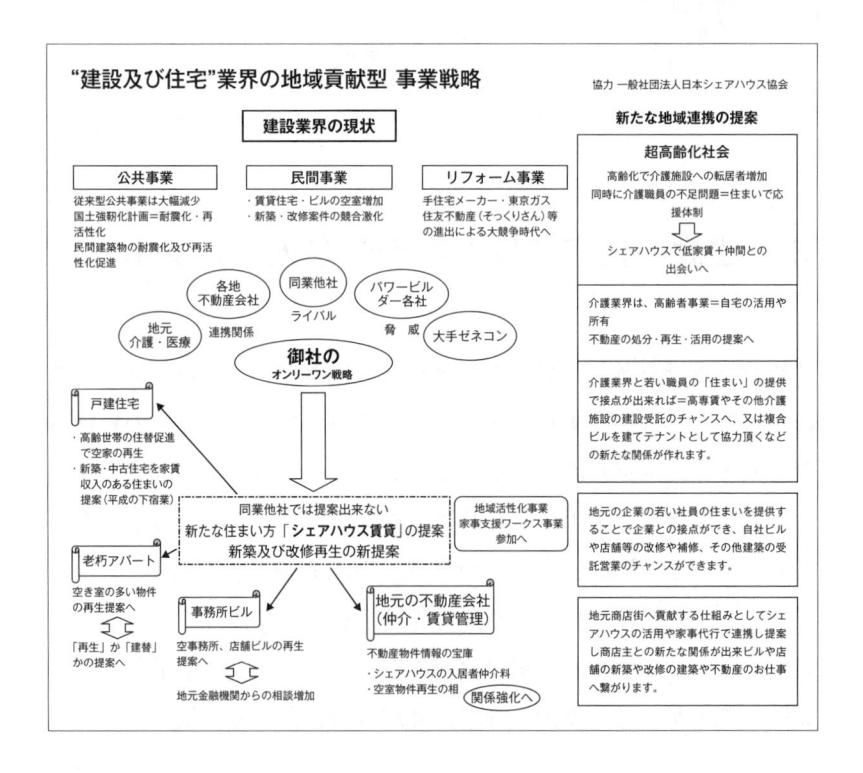

"建設及び住宅"業界の地域貢献型 事業戦略

協力　一般社団法人日本シェアハウス協会

建設業界の現状

公共事業
従来型公共事業は大幅減少
国土強靭化計画＝耐震化・再活性化
民間建築物の耐震化及び再活性化促進

民間事業
・賃貸住宅・ビルの空室増加
・新築・改修案件の競合激化

リフォーム事業
手住宅メーカー・東京ガス住友不動産（そっくりさん）等の進出による大競争時代へ

各地不動産会社 — 同業他社ライバル — パワービルダー各社
地元介護・医療　連携関係　　　　　脅威　大手ゼネコン

御社のオンリーワン戦略

戸建住宅
・高齢世帯の住替促進で空家の再生
・新築・中古住宅を家賃収入のある住まいの提案（平成の下宿業）

老朽アパート
空き室の多い物件の再生提案へ
「再生」か「建替」かの提案へ

事務所ビル
空事務所、店舗ビルの再生提案へ
地元金融機関からの相談増加

同業他社では提案出来ない
新たな住まい方「**シェアハウス賃貸**」の提案
新築及び改修再生の新提案

地元の不動産会社（仲介・賃貸管理）
不動産物件情報の宝庫
・シェアハウスの入居者仲介料
・空室物件再生の相 関係強化へ

地域活性化事業　家事支援ワークス事業参加へ

新たな地域連携の提案

超高齢化社会
高齢化で介護施設への転居者増加
同時に介護職員の不足問題＝住まいで応援体制

↓

シェアハウスで低家賃＋仲間との出会いへ

介護業界は、高齢者事業＝自宅の活用や所有
不動産の処分・再生・活用の提案へ

介護業界と若い職員の「住まい」の提供で接点が出来れば＝高専賃やその他介護施設の建設受託のチャンスへ、又は複合ビルを建てテナントとして協力頂くなどの新たな関係が作れます。

地元の企業の若い社員の住まいを提供することで企業との接点ができ、自社ビルや店舗等の改修や補修、その他建築の受託営業のチャンスができます。

地元商店街へ貢献する仕組みとしてシェアハウスの活用や家事代行で連携提案し商店主との新たな関係が出来ビルや店舗の新築や改修の建築や不動産のお仕事へ繋がります。

4．介護業界からの「参入メリット」

　私は、介護保険制度が生まれ、民間が介護事業に参入できるようになった2000年に、日本初の介護事業専門のコンサルタント会社を立ち上げました。

　その後、3年ごとに国（厚生労働省が所管）は介護保険制度の見直しと称して、事業者の報酬を下げたり利用者の自己負担を増やしたりと勝手に変更し、揚げ句の果ては、総量規制として各自治体が施設を作ることを規制しました。

　その一方で利用者は増え続け、サービスの提供に地域格差が生じました。都市部になるほど、施設介護サービスが少なく、在宅サービスが中心になり、家族が介護で疲弊するなど社会問題になっています。

　最近の政府の政策案を見ても、増え続ける社会保障費を少しでも減らすために、事業者報酬の引下げや利用者の自己負担の引上げは今後確実に行われます。介護業界を知っている私は、介護事業だけに頼るのではなく、多角経営をしないと会社を保つことができなくなると言い続けてきました。多角経営の一端が、このシェアハウス事業なのです。なぜなら、さまざまな業界の中で、おそらく最も高齢者と接点があるからです。

　在宅介護の限界がきて施設へ住み替えれば家が空きます。つまり「空き住宅」情報に最も密接しているのが介護業界なのです。また介護は医療費も含めお金がかかります。その資金を捻出するためにも自宅の活用が大事です。

　また、介護業界は常に人材が不足しています。そのため、常に地

方からの人材を募集しています。その際、都会に住まいを確保する必要がありますが、都会は家賃が高く、入居時の経費がかなりかかりますので、実はシェアハウスは介護業界で働く皆様にも人気なのです。つまり介護業界にとってシェアハウス事業は、物件仕入れから家賃差益収入そして単身社員の住まいを確保することにもなります。

　介護の仕事は本当に大変ですが、いい人材であれば、シェアハウス事業の担当として新たな業務を作り出すことができます。介護業界であれば、得意の介護予防や健康増進をコンセプトとしたシェアハウスなどが企画されたときに、優秀な職員が働き続けることも可能です。介護の仕事の経験があるスタッフは元気な高齢者に対しても、将来を考えた様々なサービスを提供でき、生き甲斐を感じていただけるでしょう。

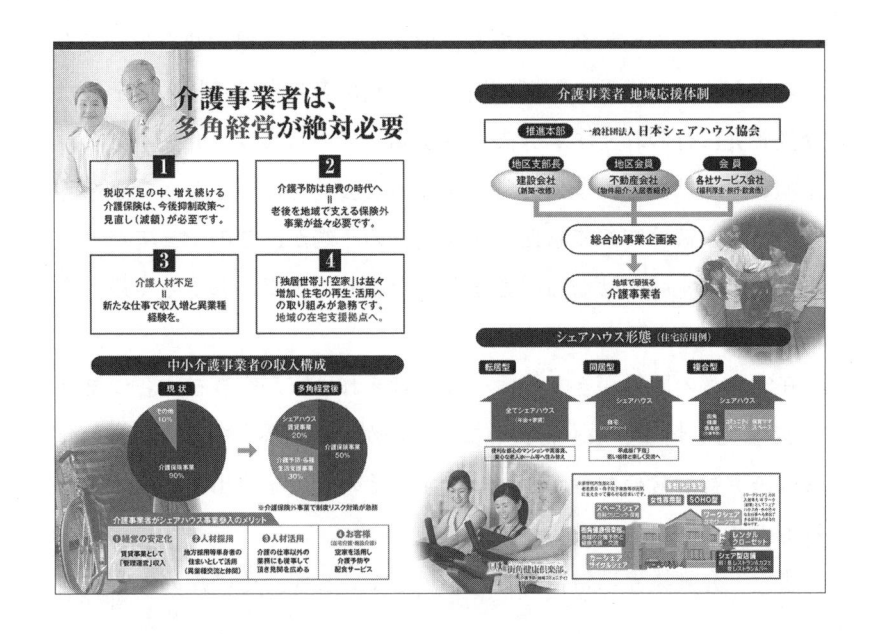

第七章　シェアハウス事業への"参入"のすすめ

第八章
シェアハウス事業
「起業」のポイント

(一社)日本シェアハウス協会代表理事
シェアプロデュース株式会社代表
山本久雄

1．立地及び環境

　シェアハウスも賃貸事業ですから、立地条件の計画は重要です。交通面の原則は、都心であれば最寄駅から15分以内、郊外であれば10分以内がベストです。バス便は難しいとお考えください。ただし、地元の企業や病院・介護施設などの単身職員の入居がかなり見込める場合は郊外でも可能性はあります。
　また、駅の周囲や現地の近くに商店街や大型スーパーなどがあればベストです。一般世帯のように、車で郊外の大型スーパーへ買出しに行くという発想は、シェアハウスの入居者にはほとんどありません。その他、近くに公園などの自然環境や図書館などの公的施設は、あるに越したことはありませんが必須ではありません。
　一般の単身者向け賃貸では付近にコンビニがあれば喜ばれます。一方でシェアハウスの入居者は、自炊率が高く、よく食べよく飲みますので、酒屋と安価な生鮮食品などを多く揃えている商店街か、大型スーパーなどが徒歩あるいは自転車で10分程度の付近にあることが家賃査定判断上も重要です。
　立地の次に大事なのが敷地環境です。入居者は節約志向の方が多いせいか、自動車を持つ方はほとんどいません。その代わり自転車の保有率は極めて高く、敷地内に屋根付の駐輪場があればベストです。また、戸建て住宅の場合はバーベキューや菜園などアウトドアイベントが可能な物件は人気があります。

参 考
"戸建住宅"の活用比較「一般賃貸」と「シェアハウス賃貸」

比較内容	一般戸建賃貸活用	シェアハウス賃貸活用
賃貸事業としての市場性及び競合状況	住まいを選ぶ家族はセキュリティの安心な賃貸マンションを選ぶ方が多く、戸建住宅は敬遠されがちです。又借上げ社宅等の法人需要も経費削減で激減し、今後高齢者の介護系マンション等への住み替えで戸建の空家は益々増え競合も多く又高額な大型住宅は借り手がつきにくい状況へ	戸建住宅の様な小規模で良質なシェアハウスは人気が高く、供給が足りない状況です。また、一般の賃貸の7～8割程の生活コストになる為、節約志向の方や、また住宅用のキッチン環境が装備してある為、自炊志向の女性に人気が高く、また屋上や庭・駐輪場がある住宅のシェアハウスは特に人気が高いです。
安定家賃収入（一括借上げ・固定家賃）制度の有・無 そして賃貸時の改修コスト負担	借り上げ（固定家賃保証）はどこの管理会社もしない為、退去後は家賃はゼロになり、家賃収入見込みが安定しません。又入れ替えの度に貸主側で内装補修や清掃等の負担が発生。	借り上げ（固定家賃保証）もあり、安定して家賃が入ります。又、人気沿線では借り上げ方式では無くとも、戸建賃貸と違い、個室単位の出入りの為、家賃がゼロになる事は考えにくい。
将来の相続問題 思い出のある大切な財産の自宅を「争続」にならず、残しやすいのは？	相続人が複数の場合は、将来のトラブルの元である共有名義になる可能性が有り、また、空家の場合の固定資産税や維持費、貸す場合の改修費等の費用を誰が負担するかでもめる可能性があります。	相続時は現預金と不動産が財産になる為、自宅を自己使用しない場合は改修費で現金を減らし（相続資産減額）シェアハウスとして家賃収入を相続人で分配でき、相続協議もやりやすくなります。
近隣への配慮	借り手がつくまで空家状態が続くと庭の草木の手入れなど近隣配慮の為の維持経費が必要になります。	一般家庭より入居者数が大い分、時には賑やかな事も有りますが管理業務受託者を常駐させる為、ごみの管理等近隣配慮は可能です。

２．自宅を活用する「ホームシェア」

　私たちはオーナー同居型のシェアハウスを「ホームシェア」と呼んで、一般のシェアハウスとは区別して考えています。オーナーが同居することで生活上の様々な制限や条件があるためです。

　特に若いオーナーの場合は、家賃収入をローンの返済や生活費に充当することで、経済的負担が軽減し、かつ本業の給与に合算して「確定申告」もできますので、単なる住宅の場合はできなかった様々な費用が経費に計上できます（損益通算）。賃貸規模などによりますが経費の状況次第では、給与から天引きされた税金が戻る可能性もあります。つまり「節税効果」も期待できるのです。また、ご高齢の方がオーナーの場合、地域の医療や介護・健康関連の仕事をしている方々に優先して入居していただければ、オーナーも安心感があると思います。

大増税時代！自宅を活用する「ホームシェア」をご提案

「賃貸収入」と「コミュニティ」のある住宅

若世帯住居
※家賃収入でローン返済が楽に
シェアハウス
●お子様が増えた時にはシェアハウス（個宅）を子供室へ活用

シェアハウス
老世帯住居
※年金＋家賃収入＋交流
●将来、老人ホーム等へ住替後に全てシェアハウス賃貸へ
●医療や介護業勤務の方に入居して頂き、安心感を

3．空室の多い賃貸アパート・マンションの再生

　日本は、今後ますます「空き家大国」になることは周知のとおりです。しかし、大手住宅会社や様々な賃貸マンション供給会社は新築物件を作り続けています。そうしなければ会社が存続できませんし、最新の新築賃貸はデザインや設備・内装に工夫を凝らして人気があるからです。そのあおりを受けているのが古い賃貸マンションやアパートです。耐震性の問題も考慮し、少なくとも20年以上経過した賃貸物件は、建物もコンセプトもリフォーム（改装）ではなく、リノベーション（再生）すべき時期なのです。

　高稼働率（＝お客様の高い支持）を続けるホテルや名旅館、そしてレストランなどもハード面やソフト面を常に見直しているからこそ、新たな進化に感動が生まれるのです。人はどんなに素晴らしいサービスや商品でも必ず飽きてしまうものです。だから提供者側の意識が極めて大事なのです。賃貸業界も大手も含めこれだけいろいろな物件が出ているわけで、選ばれなければ最初から検討の対象にすらしてもらえません。それが賃貸業界の現状なのです。

　当協会は、リノベーションの手法の一つとして、シェアハウスへの再生を提案しています。大きなメリットは、一般賃貸物件に比べ、一物件の情報量と露出度が桁違いに高く、当然注目度も上がる点です。

　一般賃貸住宅の集客の中心は既に多数存在する賃貸サイトが中心です。しかし、紹介物件量がとにかく多く、募集情報に埋もれてしまい、なかなか集客できません。またサイト以外でも駅前の不動産仲介会社が様々な物件情報を多数告知しています。

そこで私たちはシェアハウス化による再生を提案しています。まず建物の名称を変更します。たとえば「○○ハイツ」を「シェアハウス○○」にするのです。そうすることでシェアハウス専用サイトに掲載することができます。
　ぜひ一度、専門サイトをご覧ください。たとえば当協会の会員で理事でもある「東京シェアハウス」さんのサイトをご覧いただければ、1物件に対する情報量をご理解いただけると思います。
　2つめのメリットは、賃貸住宅の各住戸には、元々水周り設備があることです。一般のシェアハウスの個室には、ほとんど水周り設備がありません。しかし、入居者へのリサーチで、個室に欲しい設備を尋ねると、断トツで「洗面台」が挙がります。確かにシェアハウスの入居者の70〜80％が女性で、やはり洗面台を多用するからでしょう。
　ちなみにトイレや浴室、キッチンは共用でも抵抗がないという意見が多数です。理由は、共用部分は（掃除が当番制のシェアハウスを除き）掃除をする必要がないためと、トイレには常にペーパーが補充されているなど、楽だからです。これも現在の賃貸ニーズの一つの意見なのです。したがって、一般賃貸住宅をシェアハウスに再生する場合は、調理しにくい不人気なミニキッチンをなくし、代わりに洗面台を設置すれば、他のシェアハウスから住み替えていただける可能性もあります。
　また、シェアハウスへの再生の場合、共用スペースを設ける必要があります。そこで入居者が楽しくパーティなどを開催し交流することが多いからです。その際、どの様な内装や設備で空間を演出するかの「企画力」が重要になります。そこで私たちは、シェアハウス事業に興味がある入居者に集ってもらい、入居者目線でアイデア

を出していただくことにも取り組んでいます。第一章で紹介したTEAMスキマジャパンは、シェアハウスに住みながら他のシェアハウスを既に5軒も運営管理するまでになっています。シェアハウス大好きの若者の発想力を活用しない手はありません。

　そこで提案です。もし再生したシェアハウスのオーナー様が他にも賃貸物件をお持ちであれば、その入居者の皆様へも、シェアハウスで行うパーティなどのイベント開催情報を発信することをおすすめします。興味のある方に参加していただければ、新たな「縁」や出会いを作るきっかけに利用することもできますし、他の賃貸住宅の皆様に喜んでいただければ、入居期間も長くなるかも知れません。
　多くの方が楽しいコミュニティを求めている時代なのですから、空室の多い賃貸住宅の再生で出会いのきっかけ作りをしませんか？　素敵なコンセプトで再生すればきっと注目され、支持（入居）されると思います。

4．地元の不動産・介護・医療業者とのネットワークづくり

　首都圏を中心にシェアハウスがここまで作られてきたのは、シェアハウス専門サイトがあるおかげです。特に業界の牽引役を果たし、募集サイトの双璧と言われている「東京シェアハウス」と「ひつじ不動産」は、見やすさを工夫し、一般の賃貸情報と比べ物件ごとの情報量も格段に多く、希望するシェアハウスを探しやすくした功績

は大変大きいと思います。

　特に、「東京シェアハウス」さんは、英語版の掲載・築年数の記載・旧耐震か新耐震かを表示し、希望があれば間取りや庭などの図面を掲載し建物全体のイメージを紹介するなど、常に進化したサイト作りに努めています。

　ただし、新規オープン物件の集客は比較的スムーズですが、数年後の出入居による再募集時は苦労するケースがあります。シェアハウス自体の魅力の有無に加えて、最近は新規物件に住み替える方が多くなっているのも事実です。そのために当協会はサイトの存在を知らない方でシェアハウスに興味のある方々の集客方法も提案しています。それが駅前などにある地元の不動産賃貸会社との連携です。人気のある駅の近くには10軒以上の仲介会社が軒を連ねています。しかしシェアハウス物件情報を扱う店舗はほとんどありません。一般の賃貸住宅と比べ、圧倒的に供給が少なく、見学対応時の説明内容や契約内容などがかなり異なる上、「生活ルール」などの説明情報も多く、一般の仲介会社にはなかなか対応を任せられないからです。また、インターネットによるエントリーの場合、仲介料がかからないことも関係しているでしょう。

　しかし私たちは、今後の集客方法の一つとして、将来は一般賃貸住宅同様に駅前でも探せるようにしたいと考え、当協会協力店として「地域仲介ネットワーク」の拡大に取り組んでいます。来店者は当然「仲介料」がかかることは承知しているでしょうから、一般賃貸と同様に扱えます。

　また、見学対応や審査は事業者が行うことにしていますので、物件案内対応などの手間がかかりません。地域の駅前仲介会社にシェアハウス事業について知っていただき、空室の多い賃貸住宅や戸建

第八章　シェアハウス事業「起業」のポイント

てなどの情報提供の協力をお願いしています。このネットワークが広がれば、シェアハウスの地域展開もより早くできると期待しています。

（頑張る単身者を応援！　敷金　礼金　保証人（勝和）不要　物件情報あります　シェアハウス　多世代共生型　男女共生型　女性限定型　母子家庭応援型　地域応援　起業支援　一般社団法人　日本シェアハウス協会会員店）

各沿線の各駅に会員の会社を設置するのが目標

　次に取り組んでいることは、地域の法人の賃貸ニーズです。従来、いろいろな企業が新規採用者や単身者向けに「寮」や「社宅」を持っていましたが、維持費負担の問題や社員同士の共同生活でプライバシーがなくなることへの抵抗感などで寮離れが進み、それがシェアハウスに再活用されています。

　単身者にとっては経済的負担が減り、異業種の人とも交流できることで、シェアハウスが人気です。特に離職率が高く、万年人手不足で地方から人材を募集している医療や介護の業界では、地方と比べ生活コストの高い都会生活は経済的に大変なこともあり、ニーズが高まっています。また、人の生命や身体と接する仕事柄ストレスも多く、一人暮らしでは耐えられなくなり、仕事をやめてしまうという現象が起きています。その点シェアハウスは、いろいろな友達ができ、心配してくれるなど癒される環境があるので、大変な仕事

143

でも続けられる方が多いのです。

　そのようなことを踏まえ、地域にある企業や医療機関そして介護事業者などへ紹介し、内覧会で見学していただくなど新たな集客先の開拓も大事です。法人需要は安定性もあります。特に規模の大きいシェアハウスの場合は重要な集客戦略であり、さらに地域の高齢者世帯と接点のある介護事業者とご縁ができれば、介護施設入居後の空き自宅の活用相談や新規の介護施設を開業するための土地情報や建築（新規施設や既存施設のリフォーム）の相談など、地域の不動産・建築事業者にとって本業のメリットも生まれると思います。

　介護・医療事業者とのネットワークづくりは、今後極めて重要な地域営業戦略だと思います。

5．シェアハウスのノウハウは一般賃貸でも活用

　シェアハウスが人気のある賃貸事業であることは、多くの管理会社も認めていますが、事業に取り組む方が圧倒的に少ないのが現状です。なぜなら、新しいライフスタイルになじめない事業者も多いのに加え、まだ新しい形態のためにいろいろな問題点の検証ができていないことも原因だと思います。つまり漠然とした不安があるのです。当協会へも興味を持たれた管理会社さんが多数来られますが、様子見が大半で、勇気を持って事業化に取り組まれる方はわずかです。これが新しい取組に関する日本人的な特徴で、まず他人の様子を見て、大きなリスクもなく評判も良いとなれば、「取り組まないと

遅れを取る」と判断する方が徐々に増えてくるとは思います。しかし、この事業はいろいろなノウハウと企画力が重要ですから、なるべく早く着手して、経験を重ねノウハウを蓄積するほうがいいのです。ノウハウの質は実経験量に比例します。

　シェアハウス事業は一般の賃貸管理と比べ何倍もの手間がかかります。新たな企画や仕組みの再検討などを考えることも含めると、十数倍の手間になると思います。もちろんその分、オーナー様からは運営管理手数料を多く頂くことになります。一般の賃貸住宅の管理費用が家賃総額の5～7％ほどなのに対し、シェアハウスの運営管理の場合は10～20％ほどになります。まして家賃総額は一般賃貸より多くなりますので、会社の売上げ貢献も大きくなるのです。

第九章
ワークシェアから地域貢献型の雇用創造へ

(一社) 日本シェアハウス協会理事
W-being 代表
響城れい

1．ワークシェアシステム

　「快適な空間で暮らす」ことは、立地条件や物件の築年数のように具体的に目には見えないものの、住居を選ぶ際の大切なポイントです。その観点から、従来のシェアハウスでも、居住者による当番制や専門業者への委託など、何らかの形で清掃が実施されてきました。
　ところが近年、なかなかうまくいかないケースが出てきました。第一に、入居者の「清潔」に関する価値観が多様化し、気になる人の負担ばかり多くなるというケースです。他人同士の共同生活では、やはり責任を明確にするとともに、客観的な一定の水準をクリアすることが必要です。
　第二に、当番制は負担が多く、結局はルールが守られなくなったり、人間関係が悪化する原因にもなってしまいます。第三に、掃除の方法が自己流のため、カビや水アカ、油汚れのような複雑な汚れと建材の取扱いなどに上手に対応できないことなどがあります。
　外部に委託すると、管理費に反映しますし、居室内に立ち入られるというセキュリティのリスクもあります。
　そこで当協会では、118ページにあるように「ワークシェアシステム」を開発し、掃除などの管理業務を居住者の「仕事」にしました。さらにこれは研修付きです。このシステムは、それぞれの立場にとって次のようなメリットがあります。

＜シェアハウスコーディネーターやクリーンマネージャー＞
- 通勤不要、空いた時間にできる仕事で副収入を確保することができる。

- 苦手な掃除を体系的に学ぶ機会を与えられる。
- 「人の役に立ちたい」という欲求を満たすことができる。

＜居住者＞
- いつも快適な住まいで暮らすことができる。

＜運営事業者＞
- 管理の負担を抑えることができる（遠方の場合、定期的に掃除に行くのは大変）。
- 業者に任せるより安心（ビル清掃と違い、鍵を預かって居室内に入るため）。
- 管理費用が抑えられる（安心を担保する大手業者に委託した場合、作業内容に比べて価格が高い）。
- 責任の所在が明確なので、居住者の感情的トラブルに巻き込まれずにすむ。

＜貸し主＞
- 貸した家が常にきれいな状態で維持される。

2．ワークシェアのための掃除研修

　私は、一般社団法人日本シェアハウス協会の理事として清掃関係の研修を担当していますが、20年間ハウスクリーニングの会社でサービスを運営し、2,000件以上の家を訪問・施術してきた実績が

あります。さらにお客様対応やスタッフの教育研修なども手がけていました。そのノウハウを活かして、詳細な研修プログラムを作りました。

　ポイントは「ローコスト＆ローリスクでハイリターン」、つまり「時間や体力をなるべくかけないで、最高のキレイを提供する」ための経営戦略です。ワークシェアにおいては、担当者の負担をできるだけ小さくするために欠かせないセオリーなのです。そうでなければ、「休日はいつも掃除でつぶれてしまう」ということになってしまうからです。

　実は、ベテランの主婦でも、この感覚を持っている人はほとんどいません。「掃除は、やらなければならないこと」「カラダを動かすことが掃除なので、疲れるのは当たり前」というイメージがあり、だからこそ、「嫌い」「苦手」なのです。

　もちろん、「風呂の排水口のゴミを取り除き、磨く」などの「ノルマ」はチェックシート形式で渡しますが、それだけでは単なる作業委託で、面白くありません。「研修」ですから、そのチェックシートを作った根拠となる法則や原則をお伝えしています。

＜汚れる場所を知っておく＞

　汚れを見つけてからバタバタしては、タイミングが遅れ、「後でまとめて」となります。予め汚れる場所を知っておき、自分が通るたびにサッと拭く、払うなど手をつけておくのです。「受け身」ではなく「攻める」という感覚。キーワードをいくつか紹介します。

・水平部分

　　ホコリや砂塵は重力に従って落下し、水平部分にたまります。インタホンの上、絡まったコードの上など。静電気を発する家電

や壁は、垂直部分もホコリに注意です。
- 空気の終点（四隅、四辺、凹凸）

　汚れが運ばれてたまります。掃除機のヘッドなどでは届かないので、毛足の長いサッシブラシで払い出します。ドアノブ、幅木、敷居などの細かい部分は歯ブラシで。

- 湿度の高い部分

　水回りはもちろんですが、モノや構造がゴチャゴチャと立て込んで狭くなっている「風通しの悪い」部分です。家具の後ろ、カーテンの裏、収納棚の内部、ソファの下など。動かしてサッと空気を通すと、ニオイの予防にもなります。

＜タイミングを活かす＞

　忙しい人の掃除は「小・短・即・多」が合い言葉。小さなことを短い時間で、汚れたらすぐに、ちょこちょこやると負担が少ないということです。日本の大掃除は、その正反対の「大・長・後・少」。だから負担が大きく、やる気にならないのですね。

　「ひどい汚れには洗剤」と考えますが、自然にゆるんでいる状況を見逃さずにちょっと手を出すと、意外に簡単です。ポイントは、「水分と熱」です。

- どうせ流れる水を利用

　トイレを流す時に柄付きブラシで便器内部をさっとこする、顔を洗った時に蛇口の回りや排水口部分を古い歯ブラシで磨く、食器を洗いながら流し台を磨く、パスタのゆで汁を流した時に排水口をさっと磨く（小麦粉で油汚れが落ちる!!）、風呂に入ってかけ湯をした時にタイルの目地や排水口部分を磨く（ボディソープで皮脂アカも落ちる!!）など。

- どうせ出る熱を利用

  電子レンジからモノを出す時に庫内をさっと拭く、オーブントースターを使った後に表面を拭く、ご飯が炊けたら炊飯器の表面を拭く、ヤカンでお湯を沸かした後に表面を濡れたタオルで拭く、炒め物をしながらレンジ周辺や壁を拭く、風呂に入ってリンスやパックをしている時に床や壁を磨く、暖房を運転中に機器周辺を拭くなど。もちろん、ヤケドしないように十分に注意してください。

- 天気や気候に合わせて

  窓ガラスの掃除は、雨が上がって湿気が残っている時に。靴箱やクローゼットなどの収納棚内部の掃除は、湿度が低くて風がある日に。換気扇やレンジ台などの油汚れの掃除は、年末（冬）より温度の高い夏に。

- 使う時に掃除する

  冷蔵庫を開ける時に濡れた布巾を持って行き、手アカをつけないように開ける。食品を取り出す際に表面をさっと拭く。トイレに入った時にペーパーで床のゴミをさっと集める。洗濯機を回すときに上部のホコリを払う。階段を上り下りする時に手すりを拭くなど。

＜評価のポイントを知る＞

掃除は、むやみに体を動かせば評価されるというものではありません。受験の時には志望校の過去問題集に照準を合わせて取り組んだように、「評価されるポイント」を知ることが大切です。

- 視覚（見た目）

  まず、第一印象。玄関、風呂や洗面所、トイレはドアを開ける位置に立ってみて、その時に見える「画面」をきちんと整えます。金属やガラスをマイクロファイバークロスで光らせる。家電など

の白いものは、真っ白に磨いておく。モノはまっすぐに整えて空き地（何も置いていない部分）を広げる。化粧品や調味料は45度の角度で並べるなど。

　次に、長い時間、近い距離で、多くの人が、必ず見るところを探してキレイにしておきます。居住者に背の高い人がいたら、自分には見えない高いところも忘れずに。

- 触覚（手ざわり）

　直接肌が触れる部分は、からぶきをきちんとしてサラサラにします。濡れたままだったり、ザラザラしたりしていると不快です。玄関のタタキ、スイッチのボタン、ドアノブ、便座、ダイニングの椅子の座面、床（特に台所と洗面所）、風呂の椅子や洗面器、調理台など。

- 嗅覚（ニオイ）

　家の中にいやなニオイがこもらないように、こまめに窓を開けて換気をします。水回りでは、凹凸のあるところに汚れがたまってニオイの原因になっていますので、ブラシで丁寧に磨いておきます。便器と床の接地部分、流し台の排水口部分の溝、風呂の排水口部分の溝など。水気が残るとニオイの原因になるとともに建材も傷みやすいので、こまめに水分は拭き取るようにします。

3.「掃除っておもしろい‼」という受講生の声

　休日や夜間にシェアハウスにお邪魔して、約3時間研修を行いま

す。前半は理論を学び、後半は実際に自分が掃除をする風呂、トイレ、台所などを使って仲間と楽しく実地トレーニングを行います。

以下、受講生の声をご紹介しましょう。

- 副収入は魅力だったものの、「掃除」は苦手なので不安でした。研修があるということなので、安心して始めることができました。
- 掃除をきちんと勉強したのは初めて。「短時間でキレイに」を目指して仕事をしていたら、きっと結婚して共働きや子育てをしても、とても役に立つと思います。
- 「ひどい汚れほど簡単に落ちる」など、目からウロコのことをたくさん教えてもらえて、ビックリしました。
- 他の居住者の方に「いつもキレイにしてくれてありがとう」と言ってもらえると、何だかとてもうれしくなります。

研修風景（座学で基礎を学びます）

第九章　ワークシェアから地域貢献型の雇用創造へ

「座学と実技研修」終了後、当協会資格の「家庭掃除士2級」認定証を授与（上・下共）

「なんで掃除ができないのか？」と、特に中年の男性の方は不思議に思います。ここで、種明かし（？）をしておきましょう。現在の日本の家屋は、実は「ほとんどビル」といえるものです。大理石やビニールクロス、フローリングなどの取扱いに注意を要する建材、分解しづらい器具や排水口、換気扇やエアコンなどの大型機器、密閉されたサッシ、高い天井など。ビルはビルメンテナンス業というプロが清掃をしていますが、「家屋」というだけで自分たちがやらなければなりません。しかも、母親世代の7割以上が「掃除が苦手」と考えています。

現代の住まいの汚れのワースト4は「カビ、水アカ、ガンコな油汚れ、静電気を帯びたホコリ」ですが、昔の木や紙や土でできた木造家屋ではほとんどなかったものです。料理のように母や祖母から教えてもらうこともできず、多くの人が悩んでいたのですね。

4．居住のシェアから、家事のシェアへ

シェアハウス内でのワークシェアが話題になってくると、ご近所の方から「ウチのお掃除も頼めないかしら」というお声をいただくようになりました。そこで誕生したのが、「ワークスシステム」（＝地域貢献型家事代行サービス）です。

家事代行サービスとは、顧客の希望やライフスタイルに合わせて定期的に訪問し、簡単な掃除などの家事を手伝うサービスです。超高齢化などを背景に堅調に需要が伸び、経済的にも成長が期待されている産業です。また、少子化対策や女性の労働力の活用の面から

もさらに需要が高まることが予想されています。

　家電の機能は進化しているものの、忙しいまたは体力が低下しつつある人にとって、家事は決して楽なものではありません。家屋構造や人間関係、医療、金融など暮らしを取り巻く環境が複雑になり、専門的な知識が求められるようになったためです。また、家事に関する情報や商品の選択肢が飛躍的に増えたので、「迷う・悩む→決断した結果に自信が持てない」という精神的な負担も大きくなっています。さらに、モノが多いことが家庭の汚れをさらに複雑なものにしているため、掃除はどの世代にとっても「嫌いな家事」の上位に挙げられています。

　特に高齢者にとっては、窓を拭く、風呂を磨く、トイレを清潔に保つ、部屋に掃除機をかけるという日常的なことが、とてもつらく感じるようになります。

　家事代行サービスを利用することで、この時間的・体力的・精神的な負担を軽減することができます。空いた時間を家族のコミュニケーションや自己啓発のために使ったり、ご高齢の方でも掃除などの大変なところだけを任せて自立した生活を続けることができます。

　それだけではなく、産業構造からみた場合、事業者や働く人にも、次のようなメリットがあります。

- 事業者

　　許認可制ではないため、誰でも簡単に始めることができます。大きな設備投資は必要なく、安定した現金収入を得ることができます。また、「現場力」を磨いて顧客との深い関係を結ぶことで、その暮らし全般に関わって売上が増大する可能性が生まれます（家電などの物販、リフォーム、住替えなど）。

- 働く人

短時間だけ・週末だけ、のようなフレキシブルな働き方ができ、子育てや親族の介護をしながらでも社会に貢献できるチャンスがあります。また、経験を生かせるので、高齢者であっても「人の役に立っている」ことを実感しながら働くことができます。

5．家事代行サービスの将来性

　家事代行サービスは、これからの暮らしに欠かせないものであり、その市場は大きく伸びるといわれています。根拠は次のとおりです。
- 高齢化がますます進み、掃除をするのが体力的にむずかしい世帯が増える。
- 介護システムは、施設から「在宅」にシフトされ、介護家族の負担が増える。
- 労働力としての女性の活用の必要性が高まり、家庭との両立のためには家事の負担を軽減するサービスやノウハウが必要とされている。
- 少子化対策として、育児の不安を解消する子育て支援が急務である。
- 家屋の建材はますます複雑になり、手入れがむずかしくなる。
- モノが増え続け、住まいを乱雑にしている。
- 70歳代が根強く持っている「他人を家に入れたくない」「掃除は主婦の仕事」という価値観が、下の世代では揺らいでいる。
- お金の使い方の変化。「モノ消費」から、快適を求める旅行、芸術、学習、サービスなどの「自己投資」へとゆるやかにシフトし

ている。

　ただ、潜在的なニーズの大きさ（必要条件）に比べて、実際のマーケットが必ずしも期待どおりに飛躍的に伸びているわけではありません。次のような原因（十分条件）があるためです。
- 価格が高い
　　掃除のサービスには「自分が手を抜いている」という後ろめたさがあることや、「利用していることを他人に自慢できる」などの付加価値がないために、業者の提示する料金を「高い」と感じる傾向があります。
- 依頼先を選ぶのが面倒、選ぶ基準がわからない
　　参入障壁が低いため質の良くない業者がいるのも事実で、実際に満足のいかないサービスを体験したという例もあります。選び方がわからないので、利用をためらってしまいます。
- どんな人が来るか不安
　　買い物や美容、宅配などのサービスと違って、スタッフが家の中にまで入ってくるので、セキュリティ面の不安があります。また「家の中を見られると恥ずかしい」という思いも、利用にブレーキをかけます。

　これらを解決する可能性をもっているのが、次項で紹介する「ワークスシステム」（地域貢献型家事代行サービス）です。

これから全国展開開始

大手「家事代行」会社との"料金"比較

平成26年 4月現在
事業者　シェアプロデュース(株)
協　力　　W－being
共に(一社)日本シェアハウス協会会員・理事

調査方法　各社のパンフレット及びホームページの掲載情報
＊事業者名は売上で業界上位各社の都内の料金
（料金は税別＋交通費）

大手事業者	本　社	2時間の料金	来年消費税10％で	備　考
A社	大阪	8,000円	8,800円	業界1位FC展開
B社	東京	6,900円	7,590円	業界2位
C社	東京	7,000円	7,700円	業界3位FC展開
D社	東京	7,500円	8,250円	業界4位
E社	東京	7,000円	7,700円	業界5位介護大手
F社	東京	7,900円	8,690円	業界6位
J社	徳島	6,500円	7,150円	業界7位FC展開

＊各社のスタッフへの時給は800円～950円が最も多く、ベテランで現場の責任者クラスで1,100円が最高額です。（各社の求人募集要項を参考に調査）

↓

シェアハウスに併設する事で大幅なコストダウンが実現！

当社の地域密着型"家事代行ワークス事業"モデル

サービス料金は業界大手より安価で、スタッフの時給額は1,500円と業界一高い

2時間：5,400円(税別)（来年消費税10％でも5,940円）

- ●ある程度の売上規模になれば地域の応援の為に活動をしている地元のNPO法人や民間活動団体へ売り上げの5％を寄付し応援させて頂きます。
- ●スタッフの報酬単価が高いのは、当事業を応援して頂き、お客様紹介で協力して頂いた地域のお店で買い物をして頂き、少しでも売上に貢献して頂く事を条件としている為です。（循環型ソーシャルビジネスのモデルです）

大手との料金比較表

6．ワークスシステム（地域貢献型家事代行サービス）の全国展開スタート

- サービス料金が安い

　シェアハウスや事務所・店舗、そして自宅を「拠点」にして活動しますので、事務所の家賃などの固定費用が不要です。営業エリアを地域限定にしていますので、求人経費、営業経費も安くすみます。その結果、業界大手と比べてかなり安い料金（2時間で5,400円＝税別）で設定しています。

- 信頼できる人からの紹介で、利用の際の心理的ハードルが低い

　このシステムでは、地域の商店街の協力店さんに無料で「お試し券」（お客様も初回ご利用は無料）を渡し、そのお店のお客様に「プレゼント」という形で配布してもらいます。媒体は「チラシ、ホームページ」ではなく、「人と人の信頼」です。実体験を勧めることで「食わず嫌い」をカバーし、効率よく顧客獲得ができます。

- 近所にワークスシステムの活動拠点があり安心

　家事代行サービスのチラシには、フリーダイヤルだけで住所も表記されていないものも多くあります。心理学では「自己開示の法則」といいますが、お客様にとって、近所に拠点があり、「行けば目に見える」というワークスシステムは、大きな安心につながります。

- 時間報酬が高い

　諸経費が抑えられれば、首都圏では1時間当たり1,500円の報酬をお支払いできます。時間報酬が高ければ、短時間の仕事でも、

臨機応変な対応力を持つ、いい人材が集まりやすいのです。当社でも、ヘルパーや家事代行の経験のあるスタッフが集まってきました。時間報酬の高さの魅力はもちろんですが、「深夜は働けない」「電車で１時間以上かかる現場を担当せざるを得ない」などの理由で同業他社を辞め、当社に転職してきた人もいます。

- 不安を解消する研修カリキュラム

　顧客を一人で訪ねるため、スタッフも「どんな人だろう」「相性が合うかな」と不安を感じています。家事代行サービスのスタッフが顧客に受け入れられるかどうかは、顧客を見る・合わせる・配慮するなど「コミュニケーション力」がカギとなります。「相性」ではなく「スキル」です。

　20年の実践経験に基づいたノウハウを学び、スタッフは安心して出かけていきます。その戦術は『結局、最後はコミュニケーションでございます。』（総合法令出版）という本にまとめ、2013年秋に出版されました。もちろん、研修では掃除の論理的な方法もきちんと学びますので、「自分の家もキレイになった」と喜ばれています。

- 近くで働くことができる

　シェアハウスの近隣で求人をかけるため、スタッフは徒歩や自転車での短時間の移動ですみます。

- 顧客とスタッフが一緒に楽しむ機会がある

　当社のコンセプト型のシェアハウスでは、共用部分のリビングやテラスを利用して、地域の方々との交流会を開いています。手作りの料理がテーブルに並び、クリスマスには、子供たちがサンタさんからのプレゼントを楽しみにしています。そのほかには、陶

芸などの展示会や教室を開くことも。これらのイベントには顧客を招待し、スタッフも参加しています。地縁が薄くなった今、シェアハウスが信頼をベースに新しいコミュニティ形成に貢献しています。

- <u>地域の商店街も活性化</u>

スタッフは、顧客を紹介してくれた商店に「お礼」に行き、時々買い物をします。高い時間報酬には、そんな「地域貢献」の意味もあります。小さな連携ですが、地域の商店の新規顧客作りにも貢献し、地域で新たな雇用や需要を生み、循環させるシステムです。

以上を「家事代行ワークス事業」のパートナーシステムとして、全国展開を2014年6月よりスタートしました。いろいろな業種の法人はもちろん、自宅でも開業できるので、地域を応援したい個人の方の起業としても最適です。

なお、興味のある方は「家事代行日本シェアハウス協会」で検索するとプレスリリースの内容がご覧いただけます。

第十章
高齢者の自宅の活用
～収入と節税対策のすすめ～

（一社）日本シェアハウス協会顧問
税理士法人タクトコンサルティング代表社員
税理士　本郷 尚

1．高齢者の自宅に潜む問題

　高齢者の単身世帯が増えています。大きな住宅を持て余す高齢者も少なくありません。
　「老齢の母親が都心の自宅に一人暮らししていますが、最近、身体が弱くなったため、一戸建ての家に暮らすには不自由になった」。こうした高齢者は、やがて老人ホーム（施設）に入居することになるでしょう。
　そのとき、自宅が空き家になります。この空き家をどうすればいいのかが、問題になってきます。
　また、一人暮らしでなくても、戸建て住宅を所有、維持、管理することが負担になってくるケースもあります。
　親の気持ちとしては、「子供の世話になりたくない」「子供に負担させたくない」「この自宅をどうするか」「老人ホームに入居するとして費用負担をどう考えるか」など、悩みは尽きません。
　親の体力、気力が弱ってくれば、子供が判断することもあり、家族会議で決めることもあります。

2．問題点を整理する

　たとえば親が老人ホームに入居すると、老人ホームの費用をどうするかが問題になるほか、空き家になった自宅の管理・維持をどうするか、それにかかる費用・税金の負担をどう解決するかが問題に

なります。

老人ホームに行くのではなく、駅前の設備の良いマンションへ引っ越すという選択もないではありません。

いずれにしても自宅から離れます。自宅を空き家にすると、問題が出てきます。

そこで、次のようなアドバイスをしておきます。

(1) 古く老朽化している。取り壊すべきか？

取り壊すにはもったいない。しかも壊して更地にすると、固定資産税や都市計画税が跳ね上がります。固定資産税で最大6倍、都市計画税で3倍です。

固定資産税や都市計画税は、住宅が建っていると「住宅用地」の特例で、通常、一般住宅用の敷地（200㎡まで）については、6分の1（都市計画税では3分の1）に軽減されています。しかし更地になると、特例がなくなり税負担が重くなるのです。

マイホーム敷地の固定資産税・都市計画税に関する比較

態様	空家にする	更地にする	駐車場にする
住宅用地特例の有無	あり	なし	なし
経費化の可否	不可	不可	可能

駐車場として人に貸せばいいではないか、そう考える人もいるかもしれません。固定資産税や都市計画税が駐車場収入の必要経費になるからです。

ただ駐車場の収入が少なければ、固定資産税などを賄うこともできなくなります。更地にして駐車場にする場合には、その立地で借り手がいるか、駐車場料の相場は、必要な金額を満たすかをチェッ

クするなど、注意が必要です。

（2）防犯上の問題

　空き家のまま放置すれば、近所に迷惑をかけます。防犯上も危険です。維持費も二重に（たとえば老人ホーム費用にも固定資産税等が含まれているものと考えることができます）かかります。また、放置された建物の老朽化は一気に進みます。

（3）売ったとき、相続したときの税金問題

イ）譲渡所得課税の問題

　住んでいるマイホームを売却して利益が出た場合、譲渡所得課税（所得税、住民税、平成49年までは復興特別所得税も含む）の計算で、譲渡所得から3,000万円を控除する特例が利用できます。居住用財産の特別控除です。

　さらに、そのマイホームが保有期間10年超であれば、6,000万円以下の売却益に対する税率は14.21％（6,000万円超は20.315％）と低税率が適用されます。

　しかし、空き家にして3年目の年末を過ぎてから売却し、利益が出た場合には、この居住用の特例は適用されません。

　売却するのであれば、「住まなくなって、3年目の年末まで」に売却することです。もちろん、所有者が高齢者の場合、高齢者の意思能力があって、売却の意思表示ができることが条件です。

ロ）相続税の問題

　親が生前に空き家にしたマイホームを子が相続する場合は、相続税の計算上、不利になります。親の居住用ではなかったため、敷地に小規模宅地等の特例が適用されないからです。

マイホームの敷地に適用できる小規模宅地等の特例とは、親（被相続人）の居住用の敷地を、生前から同居するなど一定の要件を満たす相続人が相続した場合、限度面積までの敷地の相続税の対象額を80％減額する特例です。限度面積は、平成27年1月1日以降から、330㎡（平成26年まで240㎡）までとなります。

ただし、空き家であっても被相続人等の居住用の宅地とされ、小規模宅地等の特例によって80％減額できる場合があります。それは被相続人が次の表のように、要介護認定や要支援認定などを相続直前までに受けており、かつ、一定の施設に入所していたという「一定の事由」がある場合です。もっとも生前から同居するなどの要件を満たす相続人が相続し、空き家になってから他人に貸したり、新たに親族が住みこんだりしないことが、80％減額の特例適用の前提です。指定の施設に入るといった「一定の事由」がない場合は、空き家のままで相続しても、小規模宅地の評価減の特例は適用されず、「更地の評価額」になってしまいます。

空き家でも小規模宅地の評価減の特例80％減が適用される場合

被相続人の状況	指定された入居・入所先施設
介護保険法19条に規定する「要介護認定」または「要支援認定」受けていた場合	①認知症対応型老人共同生活援助事業の住居（老人福祉法5条の2）
	②養護老人ホーム（老人福祉法20条の4）
	③特別養護老人ホーム（老人福祉法20条の5）
	④軽費老人ホーム（老人福祉法20条の6）
	⑤有料老人ホーム（老人福祉法29条）
	⑥介護老人保健施設（介護保険法8条）

	⑦サービス付き高齢者向け住宅（高齢者の居住の安定確保に関する法律5条）ただし④を除く
障害者総合支援法21条の「障害支援区分」の認定を受けていた場合	①障害者支援施設（障害者総合支援法5条）
	②共同生活援助を行う住居（障害者総合支援法5条）

　そこで、空き家のマイホームを人に貸すことが、検討課題にあがります。というのも実は小規模宅地の評価減の特例には、マイホームの敷地に対して80％減額できるほかに、不動産貸付事業の敷地に対して50％減額が可能になるのです。

　この"自宅の賃貸化"による小規模宅地の特例の評価減（50％減額）の活用については、後で説明します。

3．対応策

　空き家にしないための対応策としては、次の3つが考えられます。

（1）売却して資産を組み替える
（2）賃貸物件として人に貸す
（3）自宅を担保にしてお金を借りる、リバースモーゲージを利用する

対応策の問題点

対策の類型	問題点
売却する	親の気持ち、家族が合意するかどうかがポイント

貸す	借り手がいるか。契約などの手続きが面倒 将来売れなくなる
リバースモーゲージ	空き家問題は残る

　各家庭の事情はあります。いずれかを選択をすることになるのではないでしょうか？

4．自宅の賃貸化――定期借家のすすめ

　ここでは、自宅の賃貸化（定期借家契約）について提案します。
＜メリット＞
（1）家賃収入が得られる
　借り手を見付けられるかどうか、いくらで貸せるか？　リフォーム代の負担はどうするか？　家財道具をどうするか？
　個別の問題はあるにせよ、借り手をしっかり確保できれば、「家賃収入の確保」ができます。リフォーム代を出すとしても新築するのではありませんから、高額の負担ではありません。

（2）安定収入を確保したければ、サブリース契約がお薦め
　家主、会社、賃貸人で契約し、収入を確定させます。全て定期借家契約です。

（3）経費化できる
　固定資産税や都市計画税、維持費、リフォーム代（修繕費となる

もの)、建物代の償却費など、全て所得税の計算上「家賃収入－経費＝所得」の経費とすることができます。空き家の場合では持ち出しで払うことになる費用が、全て税務上の経費となります。家賃収入にかかる所得税の負担が軽減できるのです。

(4) 立ち退き問題は少ない

　定期借家契約なら、立ち退き問題はほとんどありません。テナントが不良化しても、契約終了後、即退去してもらうことができます。
　貸家をシェアハウスとする場合には、最初の契約期間は3カ月です。借家人の様子を見て判断することができます。

(5) 契約途中でも、貸家のまま売却も可能

　オーナーの事情によって売却する場合、契約途中であっても、売却は「現状有姿」でも可能です。定期借家の賃貸借契約の不動産は、買い手にとって、契約満了時に空き家になることが確定しているからです。したがって、定期借家契約の不動産は、「売却のリスク」は、ほとんどありません。

(6) 相続税評価額が下がる

　この点は、次の項で詳しく述べます。

(7) 最大の喜び

　愛着のある住まいに、人が住まい、集い、楽しく暮らしてもらう、人が喜び、税金上のメリットを得られる。それでいいのです。

5．自宅賃貸化で
　土地の課税対象額が大幅に減少

（１）賃貸住宅転用で相続税の課税対象額が減少

　自宅を賃貸住宅に転用することによって、土地、建物の相続税評価額は、大幅に評価減されます。具体的には、建物の相続税評価額は、固定資産税評価額×（１－借家権割合30％）＝評価額（課税対象額）となります。つまり70％となります。

　土地の評価額（課税対象額）は、更地評価額×（１－借地権割合60％×借家権割合30％（＝18％）×（１－貸付事業用地50％……小規模宅地の評価減の特例）で計算することになります。つまり下記の条件※１．２では200㎡までおおむね40％になります。

　※１　借地権割合60％地域
　※２　小規模宅地の評価減の特例を最大面積（200㎡）まで選択した場合

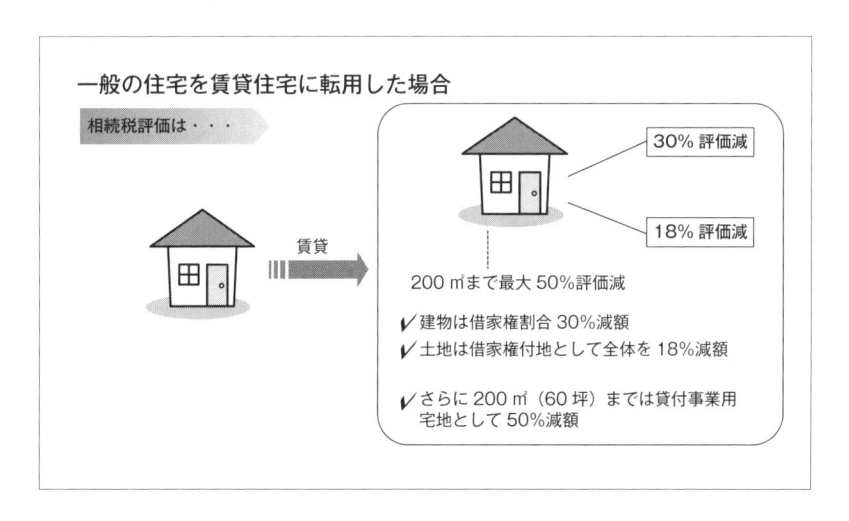

```
一般の住宅を賃貸住宅に転用した場合
相続税評価は・・・
                        ┌─ 30％ 評価減
                        └─ 18％ 評価減
        賃貸
                 200㎡まで最大 50％評価減
    ✔ 建物は借家権割合 30％減額
    ✔ 土地は借家権付地として全体を 18％減額
    ✔ さらに 200㎡（60坪）までは貸付事業用
      宅地として 50％減額
```

この評価減のメリットを最大限活用した事例を、次に紹介します。

大きな自宅から離れて、賃貸化させた老夫婦が、相続を迎えました。彼等は、自宅を家族に残すことを願い、"相続税対策"を実施したのです。

（2）大邸宅（400㎡）を、賃貸住宅に転用した場合

自宅（400㎡、120坪）を賃貸化し、一次相続（夫→妻1／2、子1／2）、二次相続後（母→子1／2）と2回に分けて相続させたとします。

図のとおり、一次相続のとき、子が200㎡の小規模宅地の特例を適用させます。母は、配偶者の税額軽減を利用します。これによりほとんど課税されません。そして、二次相続のときは、母から子へもう一回200㎡、小規模宅地の評価減を適用させます。一次、二次、二度の合計で、400㎡の土地はおおむね40％評価（－60％の評価減）で相続されます。

```
大邸宅（400㎡）を賃貸住宅に転用した場合

■一次相続

夫 →妻1/2
   →子1/2

①子の相続した200㎡    課税なし
小規模宅地等の評価減適用  1.6億円までの非課税（配偶者の税額軽減）を利用

妻 ――→ 子

※一次二次2度で400㎡の
土地は概ね40％評価となる

②もう一回相続した2㎡
小規模宅地等の評価減適用
```

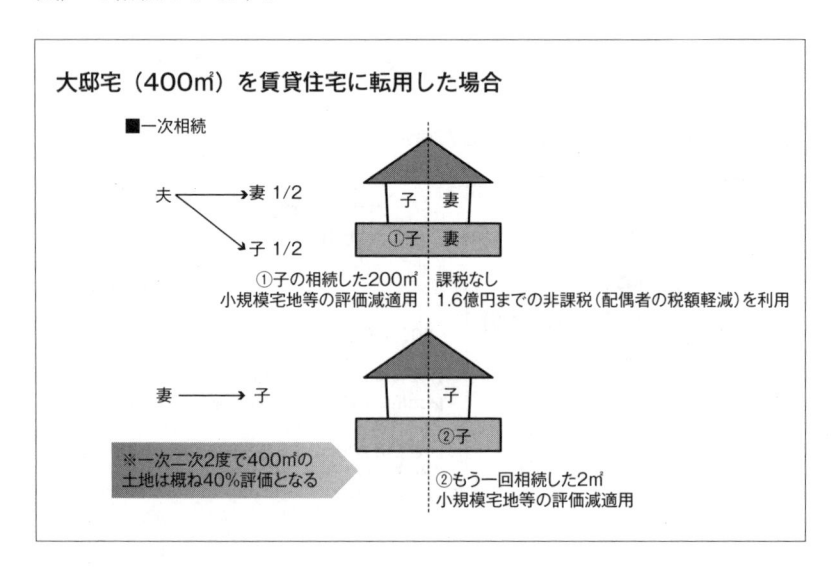

（3）2回の相続で2回小規模宅地の特例を

　2回の相続で、2回小規模宅地の特例を適用させるなら、都内120坪（坪150万円、時価1.8億円）の土地の場合、空き家で相続すると時価1.8億円が、賃貸化することにより、7,300万円に評価を下げることが可能となります。1億円以上の評価減となります。相続税の税率が10％～55％と考えると、最大5,000万円の節税になることもあります。

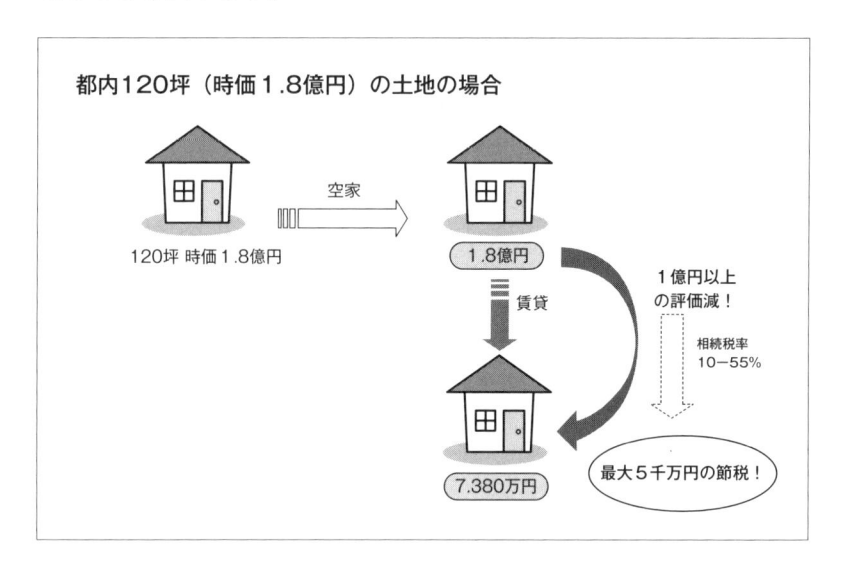

都内120坪（時価1.8億円）の土地の場合

120坪 時価1.8億円 → 空家 → 1.8億円

賃貸 ↓

7,380万円

1億円以上の評価減！
相続税率 10－55％
最大5千万円の節税！

（4）賃貸化をいつまで続けるか

　相続した時点で、「賃貸化」していることは当然です。相続後、「10カ月」は、賃貸を続けておかなければ、小規模宅地等の特例が適用できる貸付事業用とはなりません。10カ月を過ぎれば、売却も賃貸契約解除も問題ありません。

第十一章
シェア事業で地域の活性化そして日本再生

(一社) 日本シェアハウス協会代表理事
シェアプロデュース株式会社代表
山本久雄

1．これからはソーシャルビジネス（地域応援）の時代

　日本は人口減少に向かい、国内経済市場は確実に縮んでいきます。しかし、未だ未整備の分野もいろいろとあります。ソーシャルビジネスもその一つであり、これからの成長分野（というより必要な事業）です。

　世の中には、在宅介護家庭、現役世代・子育て世代の家庭、老若男女の単身世帯などがあります。また、商店街、企業、医療系や介護系施設、保育施設などがあるなかで、それぞれがどこかに不都合を感じているのではないでしょうか。

　点と点が、必要な時に「線」となって初めて関係が生まれてきます。在宅介護家庭が介護施設を利用することとなった場合、ご家族が介護疲れや介護と家事の負担で倒れてしまうと大変です。ご家族は、要介護予備軍なのです。そこでその介護者を応援する事業、それがソーシャルビジネスなのです。介護は制度ビジネスなのだとすると、ソーシャルビジネスは隙間ビジネスまたは地域サービスビジネスになります。

　私たちは、いろいろな方が集うシェアハウスを拠点として、人と地域を結ぶ、このソーシャルビジネスに取り組むことを提案しています。共に住むということは即断即決、意思疎通も早くでき、またお互い応援しあえるなど、メリットがたくさんあると思います。いずれそのような拠点を「カンパニー」とネーミングしようと考えています。幕末に活躍した坂本竜馬を真似て……。ただし、あまりシェアハウスを会社の事務所的に使用すると建築基準法の用途変更

(住宅→事務所)の問題が起きるので注意が必要です。

2．日本の最大のリスクは「大地震」

既に述べたとおり、日本は、首都圏直下や東海・東南海・南海などで、大規模な地震が発生すると言われています。建物が全半壊するか無傷で残るかは、建物の耐震性にかかっており、それは所有者の責任です。震災後の建築需要は膨大ですから、平時より建設費が相当高騰します。そこで、私たちは自宅の耐震化の促進を目指し、そのために経済的問題をクリアする手法として、部屋を貸して家賃収入を得、自宅の耐震化を行う提案をしていますそれがシェアハウスであり、ホームシェアなのです。

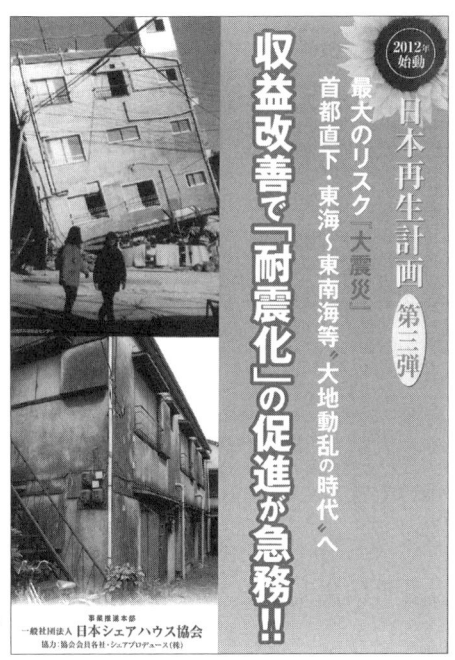

当協会で作成したパンフレット
会員が営業用にも活用

3．人口減少で都市圏でも始まる
　　コンパクトシティ化

　既に青森など各地方都市で、限界集落や買い物難民が発生し、様々なライフラインが行き渡らないなどの問題が起きています。

　そこで、特に高齢化し人口も減少している地方では、郊外まで広がった生活圏（単に住まいだけではなく、病院や様々な公共施設など）を、駅や関係官庁などがある中心市街地近郊に集める政策が始まりました。

　ヨーロッパなどは、人口が減少した地域で建物の空き家・空き室を「減築」し、公園や運動施設にするなど、常に社会の変化に街が対応しています。このようなことが日本でも始まったのです。

　林業や農業の従事者にとっては不便なこともあり反対意見もあるようですが、仕事場である山や農地へ通う交通手段を工夫するなど新たな取組が始まっています。

　コンパクトシティのなかでは、若者だけ、あるいは高齢者だけという住まい方では不自然になります。そこで私たちが取り組んでいる老若男女が住む「多世代共生型シェアハウス」が必要になってきます。

　このコンパクトシティ化は何も地方都市だけの問題ではありません。大都市東京といえど、今後、人口は減少を迎えるわけで、既に郊外では、この検討が始まっています。そこで私たちシェアハウス業界のノウハウが役に立つことになると思います。そのために、様々な多世代共生型のシェアハウスを企画し、さらなるノウハウを蓄積していきたいと考えています。

4．高齢者が「若者を応援」する発想が必要

　これからの日本は、働き手1人が支える高齢者の人数が2人以上になるので大変だと騒がれています。
　一方、仕事を求めて都会に来て頑張っても、経済的には厳しい若者の現状があります。そこで高齢者が、日本の将来のために頑張る若者を応援するという発想が必要になります。つまり高齢者が資産（自宅）をシェアハウスやホームシェアにし、現役時代の経験や知識、人脈を活用して地域や若者を応援すれば、若者の負担が減ります。
　実は、当協会会員のシェアハウスの多くは、所有者が高齢で介護のために転居された自宅を活用させていただいています。大半のオーナーさんは、若者を応援することに賛同して事業化されるのです。そのため、シェアハウスオープン後、満室になった時に入居者の歓迎会を開催しますが、積極的に参加されるオーナーさんも多く、まるでお子さんかお孫さんと接するようににこやかにされています。その後もオーナーさんが旅行のお土産を差し入れたり、冬は鍋パーティを開催されたりと、楽しく交流されています。もちろん、運営管理を請け負っているプロの当協会会員事業者が、いろいろと提案し段取りを担当します。シェアハウス業界は、高齢者1名（オーナー様）が5名以上の若者（入居者）を住まいで支えているのです。
　また、若者達が地域に貢献する事業を起業するときに様々な応援をするなど、支えの連鎖が起きると、明るく活発な高齢者が増えると確信しています。

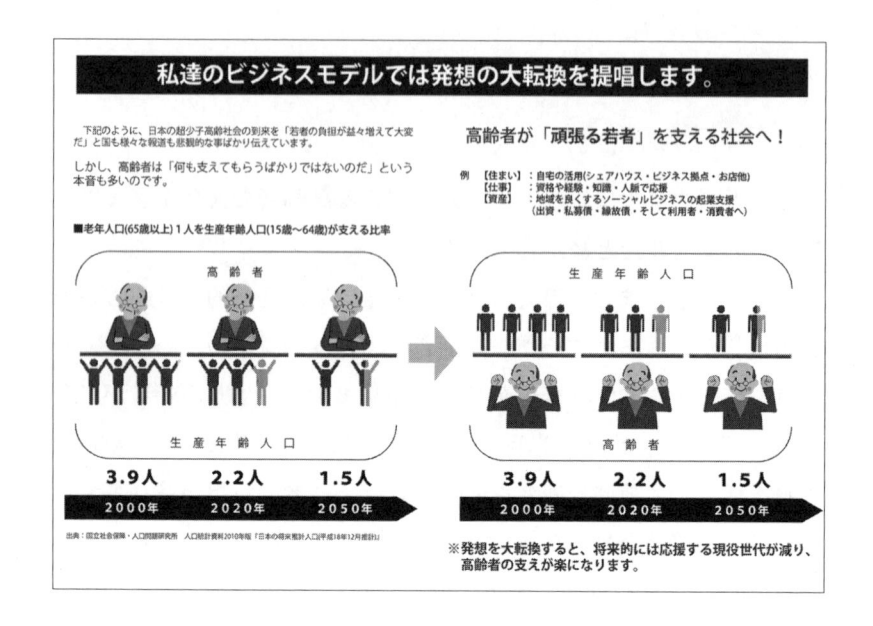

私達のビジネスモデルでは発想の大転換を提唱します。

下記のように、日本の超少子高齢社会の到来を「若者の負担が益々増えて大変だ」と国も様々な報道も悲観的な事ばかり伝えています。

しかし、高齢者は「何も支えてもらうばかりではないのだ」という本音も多いのです。

高齢者が「頑張る若者」を支える社会へ！

例：【住まい】：自宅の活用（シェアハウス・ビジネス拠点・お店他）
【仕事】：資格や経験・知識・人脈で応援
【資産】：地域を良くするソーシャルビジネスの起業支援
（出資・私募債・縁故債・そして利用者、消費者へ）

■老年人口(65歳以上)1人を生産年齢人口(15歳～64歳)が支える比率

高齢者				生産年齢人口		
生産年齢人口				高齢者		
3.9人	2.2人	1.5人		3.9人	2.2人	1.5人
2000年	2020年	2050年		2000年	2020年	2050年

出典：国立社会保障・人口問題研究所　人口統計資料2010年版「日本の将来推計人口(平成18年12月推計)」

※発想を大転換すると、将来的には応援する現役世代が減り、高齢者の支えが楽になります。

5．団塊世代の皆様、立ち上がろう！

　私たちは現在60歳代の団塊世代の諸先輩達に注目し期待しています。人口統計上は高齢者予備軍ですが、様々な仕事の経験や人脈を持ち、まだまだ健康で気力もある先輩たちです。彼らが現役のときは常に新しい商品開発や販路の拡大で市場を作り、日本の高度成長を牽引してきました。そのような皆さんに、自宅や地域の空き家を活用し、今までの人生経験を生かし、地域応援型シェアハウスを展開していただきたいのです。

　リタイア後の人生は決して短くありません。ソーシャルビジネスのいい点は喜びや感謝の笑顔が見えることです。それが継続の力となり、もっと拡大しようという意欲につながり、地域の雇用も生む

事業に広がれば素晴らしいことです。もちろん、一人では難しいこともあると思います。しかし、大きな応援団があり、戦力があります。シェアハウスの入居者の皆さんです。

　最近はフリーランス（個人事業者）も多くなり、人脈や刺激を求めシェアハウスに入居する能力の高い方も増えています。その方々が団塊の世代の皆様の志に賛同してくれれば、大きなパワーになります。創業資金が厳しければ、最初は雇用ではなく業務委託契約で連携することで固定経費を抑えられます。地域で起業した事業で正規社員を採用できるようになれば、大変注目され評価される大きな社会貢献になります。これが、私たちが目指していることです。だからシェア事業で「日本再生」などと申し上げているのです。

　ぜひ、皆さんで取り組みましょう。そうすれば老後、「病気」になったり「ぼけ」たりしている暇がなくなります。老後も誰かの役に立っていること、そして「ありがとう」と笑顔で感謝される人生を過ごすこと、まさにこれが医療費もかからず介護保険にも頼らず心身共に「健康長寿」で過ごせる秘訣だと断言します。90歳代でも寝たきりにならず仕事中に倒れ、天命をまっとうする人生に私は憧れますが、皆さんはいかがですか？

6．シェアハウスで、日本再生

　今まで述べたことや事業提案などをお読みいただき、「単なる業界団体ではないな」と感じていただければ、本書を出版した目的が達成されたことになります。そうなんです！　当協会の理事や会員事

業者には、地震対策、介護、不動産、建築、そしてホテルやIT・ネット関係など、様々な分野のプロが大勢います。シェアハウスの入居者も同様です。ですから、私たち会員事業者のシェアハウスは大変人気があるのです。

　まずは、都市部で広がってきた多機能型のシェアハウスを地方へ広げたいと思います。地方は確かに人口も経済市場も、都会と比べ小さくなりますが、地方には地方独自のニーズがあるはずです。そのニーズに対応できるシェアハウスを開発し起業していきたいと思います。

　次に、都心と地方の連携です。双方支援を行い、当協会の促進事業に賛同していただける方に、各地で当協会の「支部」を立ち上げていただきたいと思います。各地の取組の一つ一つが成果を上げ、それを見本として各地に広がれば「日本再生」も決して夢ではないと確信しています。

これからの日本には
シェアハウスが必要だ

三浦　展

これからの日本社会の変化

　本論では、シェアハウスはなぜこれからの社会に必要なのかということを考えていきたい。

　まず、言うまでもなく超高齢社会が進んでいくということだ。日本はすでに4人に1人が65歳以上である。これが将来ほぼ4割になる。超・超高齢社会になるということ。

　第二に、超高齢社会は、「おひとりさま」社会でもあるということ。一人暮らしの高齢者が増えるということである。

　第三に、雇用が非常に流動的になっており、正社員になることが難しいということ。したがって人々の所得が低下しているということである。

　バブル時代までは、男性であれば、ほぼ正社員になれたのだが、近年は非正規雇用が増え続けている。女性も、非正規雇用といえばかつては主婦のパートタイマーがほとんどであったが、近年は新卒でも正社員になることがますます難しくなっている。

　そこで現在、政府は「限定正社員」について検討している。限定正社員とは、時間的・空間的に限定された正社員である。あるプロジェクトのために期間を限って正社員となる、あるいは、ある地域でのみ働くことを前提に正社員となるなどの形をとるのである。ずっと非正規雇用であるよりはマシだが、かつての年功序列終身雇用社会と比べるとはるかに雇用が流動的で不安定である。

　これと関連するが、第四に「制約社員」化である。「契約社員」ではなく「制約社員」である。これは学習院大学教授で労働経済学者の今野浩一郎先生の造語である。今野先生によると現在の雇用者の

約半分は「制約社員」であるという。

　これまでの正社員は、「無制約社員」だった。会社から残業しろと言われたら何時までも残業する、土曜も出社しろと言われたら出社する、単身赴任しろと言われたら世界中どこにでも行く——そういうふうに無制約に働いている社員が多かった。「無制約社員」は主に男性で、家族のことは奥さんに任せられたため、無制約な働き方ができたのである。

　しかし、これからは女性の雇用者も増える。家事、子育てなどと仕事を両立させないといけない女性が増える。男性も「イクメン」しなければならないと言われているのだから、やはり家事や子育てと仕事を両立させないといけない。

　また、今後は後期高齢者が増えるので、親の介護をしながら働かなければならない人も増えるはずだ。

　さらに、今後は60歳を過ぎても、あるいは65歳を過ぎても、嘱託などの形で働き続ける人が増えるだろう。その場合、体力的に30歳代、40歳代と同じように働くことはできないだろう。

　このように、これからの社会では「無制約社員」は減るということである。いろいろな制約を持って働かなければならない社員が増えるのだ。こうした変化に対応しないと日本の人事組織はやっていけない、というのが今野先生の主張だ。

　シェアハウスも、これらの社会変化に対応するものである。さらに、シェアハウスという家の形だけではなく、シェア的なライフスタイルそのものが、今後は欠かせなくなってくるはずだ。私がそう考える理由について、さらに詳しく説明していこう。

これからの100年で人口は3分の1、生産年齢人口は毎年100万人減少

まず、日本のおかれている現状と将来像を確認してみよう。

1900年の日本の人口は何人だったか？　答えは4,380万人である。それが1950年は8,300万人。2000年は1億2,800万人くらい。最初の50年で2倍に増え、次の50年で3倍に増えた。50年ごとに4,000万人ずつ増加したのだ。

では、これからどうなるかというと、50年経つと8,600万人に減り、100年経つと4,200万人にまで減少する。100年かけて3倍に増えた人口が、今度は100年かけて3分の1に減少するのだ。

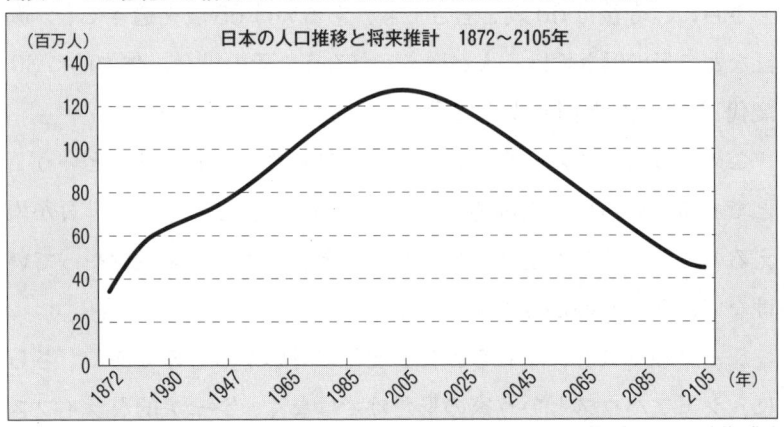

図表1　20世紀に3倍以上になった人口が22世紀には3分の1に減る

日本の人口推移と将来推計　1872～2105年

資料：社会保障・人口問題研究所のデータを基に作成

世の中にはのんきな人がいて、日本はそもそも国土が狭いのだから、4,000万人くらいでちょうどいいのではないか、などという。ところが100年前と違い、これからの日本には65歳以上の老年人口

が多い。100年前、老年人口はほとんどいなかった。1960年ですら5.7％しかいない。それが今は25％だ。将来は4割にまで増える。こう考えると、そんなに気楽なことは言っていられないはずである。

　もう一つ重要なのは、これから減っていくのは主に「生産年齢人口」であるということだ。生産年齢人口というのは15〜64歳の、働こうと思えば働ける人の人口のことで、2000年には8,600万人いた。ところが2050年になると、5,000万人くらいに減少してしまう。

　また2020年以降、日本の人口は、毎年70万人から100万人くらい減っていく時代が来る。2020年といえば、東京オリンピックが開催される年だ。東京オリンピックまでは景気の上昇が予測されているが、その後は景気ががたんと落ちる危険も大きい。

　毎年、世田谷区がなくなり、杉並区がなくなり、仙台市がなくなりというくらいの減り方である。2035年から45年にかけては約1,000万人、東京都がなくなってしまうくらいの減り方をするのだ。

超・超・超高齢社会化

　一方で、高齢者の人口は現在3,200万人ほどだが、2038年に3,800万人を超え、その後も20年間3,500万人以上で推移する。

　しかも今後は高齢者のなかでも75歳以上の人の割合が増えていくのである。逆に65〜74歳は増えず、長期的には減っていく。最終的には75歳以上の人口が74歳までの人口の2倍になる。超・超・超高齢社会になるわけだ。生産年齢人口が激減するのに、これはたいへんなことだ。

そういう調子だから、2055年に日本でいちばん人口が多いのは何歳かというと、なんと81歳になるのだ。

現在は、65歳くらいの団塊世代の人口が最も多く、その次に40歳くらいの団塊ジュニア世代の人口が多い。しかしこれからだんだん団塊世代がいなくなって、団塊ジュニア世代がそのまま年をとっていくと、40年後には81歳がいちばん人口の多い世代になるのだ。

実は、81歳がいちばん多い社会というのを、2055年以前にも2030年に一度経験することになるかもしれない。団塊世代が81歳になるからだ。ただし団塊世代が81歳のときは、団塊ジュニア世代の人口もほぼ同数あり、かつジュニアはまだ50代なので、経済的にも、生活面でも団塊世代を支えることができるだろう。

これが2055年ではそうはいかない。81歳が最多で、あとは人口が減るばかり。支えてくれる人が足りないのだ。さらに2060年になっても86歳がいちばん多い！　2065年になったらどうなるのかという推計はまだ出ていないが、91歳だったら驚きである。

70歳代まで働き、高齢者が若者を支え、みんながシェアする社会へ

次に、生産年齢人口に対して子どもと高齢者が何人いるかをみてみる。現在は生産年齢人口10人当たり5〜6人である。高度経済成長期は、生産年齢に対して子どもと高齢者の数が少なかった。生産年齢人口がどんどん増えた時代だったのだ。だから経済成長できたのである。

さらにその前の時代は、高齢者は少ないが、子どもの人数は多かった。つまり、子どもを食わせるために働く社会だったのだ。

今は、子どもは減っているけれども高齢者が増えているので、高齢者を支えるために働かなくてはならない社会になった。最終的には生産年齢人口10人で高齢者と子ども10人近くを支えないといけない時代になる。これではちょっと負担が大きすぎる。

そこで政府は、生産年齢人口の考え方を変更することを検討しているのではないかと私は推測している。生産年齢人口の上限を74歳までとする。そのかわり15歳から働く人はあまりいないので、下限を20歳とする。そうすると、20歳から74歳までの生産年齢人口10人に対する子どもと75歳以上の高齢者（後期高齢者）の数は、現在4人である。これが、2060年には6人にまで増えるが、それ以降はだいたい横ばいだ。今より少し負担が大きいくらいであり、それなら何とか、社会が持ちこたえられるのではないかと思われる。逆に言えば、74歳まで働かなければならない社会になるのだ。年金支給年齢が上がり、支給額は下がるだろうから、いやでも働けるうちは働くことになるのではないだろうか。

なかには自分で起業して、若い人を何人か雇うほどアクティブな高齢者も増えるだろう。特に団塊世代にはそれが期待されている。74歳でも84歳でも、元気な人はどんどん働いてくださいという社会になるだろう。

とはいえ、多くの人は、75歳を過ぎれば、体も丈夫で頭もしっかりしていて、働いて、収入も500万円ありますというわけにはいかなくなる。「頭はしっかりしているが足が悪い」だとか、「足はいいが手が動かない」だとか、「手は動くけど目がかすんでいる」だとか、「目は見えるが耳が遠い」だとか、だいたいみんなどこか悪いところ

があるようになる。つまり、何か欠けている人ばかりの社会になる。しかも後で述べるように一人暮らしの高齢者が増えるのである。

　だからこそ、お互いに欠けているものを補い合う社会が必要になる。お互いが助け合い補完し合う「シェア社会」にならざるを得ないと私は考えている。

　60〜74歳は、先ほど述べたように無制約社員にはなれない。残業はしないだろうし、1日6時間、週4日程度に限定した働き方になるかもしれない。制約社員なのだ。

　また、若者が高齢者を支えるというだけでは経済的に若者の負担が大きくなるばかりである。逆に高齢者が若者を支える、高齢者の持つさまざまな資源を若者に移転する、あるいは若者と資源をシェアすることで、若者を支えてゆくという仕組みも重要になるはずだ。

中高年未婚者の増加

　ここまでは、今後の高齢化がいかに激しいかということをみてきたが、次に「おひとりさま」の増加についてみていこう。

　まず2010年から2040年にかけて、未婚者は何人増えるのか？ 現在も未婚者は多い。30歳代、40歳代でも結婚しない人が増えている。それでは2040年までに未婚者は何人増えるのか？　実は、驚くべきことに6万人しか増えないのである。

　どうしてか。未婚者と言えば今までは若い人だった。しかし若い人の数が減るので若い未婚者も減るのである。44歳以下の未婚者は559万人減る。ところが45歳以上の未婚者は565万人増えるの

だ。差し引き約6万人の増加ということだ。まあ、ほとんどプラスマイナスゼロである。

さらに、配偶者と死別・離別する人もいる。これはもちろん若い人には少ないが、45歳以上で死別・離別する人は2010年から40年で364万人増加すると予測されている。未婚者と合計すると930万人。45歳以上の未婚・離別・死別が1,000万人近く増えるのだ。

したがって当然、一人暮らしが増える。一人暮らし世帯は2030年に1,872万世帯に上るといわれている。夫婦と子どもからなる世帯は1,150万世帯で、一人暮らしのほうが圧倒的に多くなるのだ。

年齢別に一人暮らしの世帯を見ると、1985年の一人暮らしは多くが20歳代だった。ところが2035年には、一人暮らしというと85歳以上が最多となる。その数211万人。次に多いのが60歳前後の団塊ジュニアあたり。一人暮らしも中高年中心になるのである。

しかも、夫婦と子どもの世帯というと、今までは40歳の両親に5歳と10歳の子どもというイメージが一般的だったが、これからは、75歳の両親と45歳の息子とか、85歳の母親と60歳の娘とか、そういうことが珍しくない時代になるのだ。

図表2　家族類型別世帯数

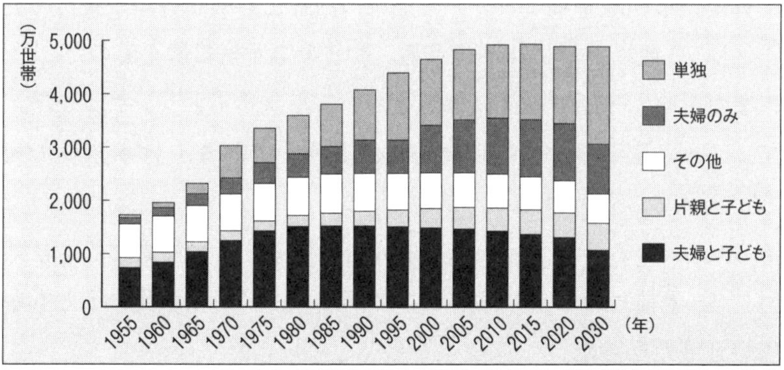

資料：「国勢調査」「日本の世帯数の将来推計（全国推計）」（2008年3月推計）

パラサイトシングルは郊外に多い

　東京圏の団塊世代はかつて、多くが国道16号線沿いにマイホームを購入した。この地域の65歳以上の単身世帯は年々増え続けている。2010年の統計では、団塊世代はまだ65歳になっていないので、2015年の国勢調査の際には65歳以上の単身世帯が郊外のニュータウンに大量に増加することだろう。郊外ニュータウンがオールドタウンになり、特に女性の高齢「おひとりさま」のゾーンになるのだ。
　たとえば、千葉市の人口は、今後30年間で8％減少する。ところが千葉市のなかでも、特に開発時期が新しかった花見川区をみると、人口は23％減り、65歳以上は46％増え、75歳以上だけだと122％増加し、一方で14歳以下の子どもは半分になるのである。
　春日部市や狭山市のような比較的遠い郊外でも花見川区と同様の傾向がみられる。バブルの頃に開発された遠方の郊外地域では、子どもは成人すると地元を離れてしまう。そして、高齢者だけが残されることになるからだ。
　大規模な団地が集まっている地域の高齢化も激しい。千葉市の美浜区は75歳以上が241％増える。つまり3.4倍に増えるのだ。
　また近年、未婚で親元に暮らしているパラサイトシングルが増えているが、特にそれが40歳前後でも増えており、日本全体で約300万人の35～44歳のパラサイトシングルがいる。東京圏だけでも90万人いるそうだ。これを地域別に見ると、絶対数としては郊外に40歳前後のパラサイトシングルが多い。団塊世代の子どもが多い地域だからだ。

すると、たとえば40歳前後のパラサイトシングルの子どもと母親が2人で住んでいる場合、母親が亡くなると、子どもが生まれて初めて一人暮らしをすることになる。つまり、60歳で初めて一人暮らしをする人もたくさん発生するはずなのだ。
　このようにこれからの郊外には今までにはなかった現象が起きてくる。団塊世代の一人暮らしが増え、さらにパラサイトシングル後の団塊ジュニアの一人暮らしも増える。そして最後には空き家が増えていくことになるのである。

シェアハウスの普及進む

　シェアハウスはここ数年で急増してきた。ひつじ不動産（㈱ひつじインキュベーション・スクエアが運営するシェア住居の総合メディア）の統計では、2005年の120棟が2012年は1,200棟、1万8,000人が住んでいる。女性が8割近く、平均年齢は30歳弱である。現在、ひつじ不動産の定義するシェア住居はほぼ東京23区内にあるので、23区内で一人暮らしをしている20〜30歳代の未婚女性の4％くらいは、シェアハウスに住んでいる計算になる。
　実は、私がシェアハウスに興味を抱いたのは、そんなに古い話ではない。2010年に、ひつじ不動産による「東京シェア生活」という本が出版されたのがきっかけだ。実はそれまで、シェアハウスというのはお金のない若者が住む汚い家だ、という程度に考えていた。ところが、「東京シェア生活」によって、そうした認識はすでに過去のもので、現在のシェアハウスはまったく異なるという事実を目の

当たりにした。

　それ以来、私は多くのシェアハウスを取材させていただいた。事業者の皆様の努力はたいへんなもので、デザイナーズチェアが置いてあるようなおしゃれなシェアハウスは当たり前。なかにはかなり高級な住宅がシェアハウスとして使われているケースもある。また、非常に大胆なリノベーションを行って、渋谷のカフェかレストランと見間違えるようなシェアハウスも少なくない。一方では、古民家を使ったレトロなシェアハウスや玉砂利を敷いた日本庭園が見えるというシェアハウスだ。こうしたシェアハウス業者の創意工夫と努力のおかげで、単身者であっても、非常に豊かで多様な住生活を満喫できるようになったのである。

　かつては、独身者の住まいというと、ワンルームマンションしか選択の余地がなかった。それ以前は木賃アパートだった。結婚すると団地やマンションに住む。ところが団地や分譲マンションは画一的であり、日本中同じ間取りで、内装も最大公約数的な似たようなものだった。それがシェアハウスによって、一人暮らしでも多様な選択肢を持つことができるようになったのだ。これは非常に素晴らしいことだ。

働く30歳代女性のための住宅を提供したシェアハウス

　また、シェアハウスの住人は平均年齢が30歳くらいで、そのうち女性が8割近くを占めているということからもわかるように、今

まででは女性が住みたいと思う住宅が少なかったと言える。カルチャースタディーズの2010年の調査によると、20歳代の未婚一人暮らしの女性のうち、3割近くがシェアハウスに住んでみたいと答えている。最近国土交通省系の建築研究所が行った調査でも、未婚一人暮らし24歳以下の女性の42％、25～29歳の女性の31％がシェアハウスに住んでみたいと回答しており、2010年の私の調査よりもシェアハウスへの関心が増大している。

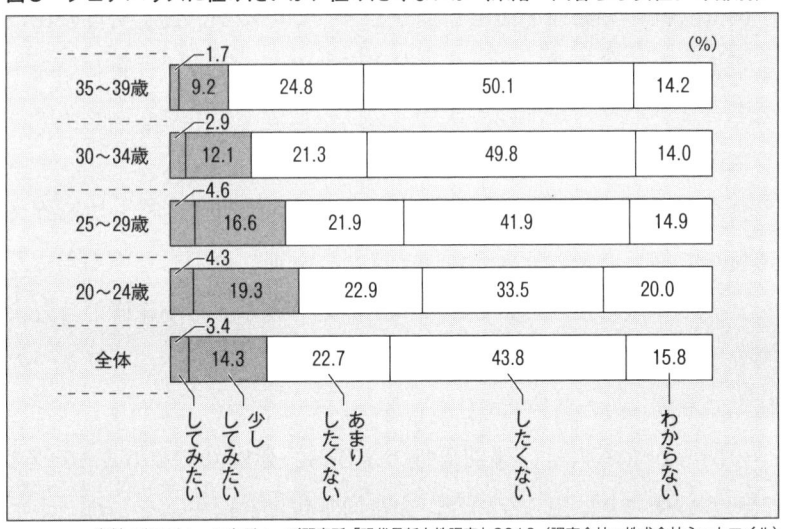

図3　シェアハウスに住みたいか、住みたくないか（未婚一人暮らし女性。年齢別）

年齢	してみたい	少ししてみたい	あまりしたくない	したくない	わからない
35～39歳	9.2	1.7	24.8	50.1	14.2
30～34歳	12.1	2.9	21.3	49.8	14.0
25～29歳	16.6	4.6	21.9	41.9	14.9
20～24歳	19.3	4.3	22.9	33.5	20.0
全体	14.3	3.4	22.7	43.8	15.8

資料：カルチャースタディーズ研究所「現代最新女性調査」2010（調査会社：株式会社ネットマイル）

シェアハウスの住人や、シェアハウスに暮らしたいと考えている人に女性が多いのにはわけがある。働く女性が増え、一人暮らしをしたい女性が増えたからだ。女性の一人暮らしというと、先ほどもみたように、かつては20歳代前半が多かった。それが最近は30歳を過ぎても未婚で働き続ける女性が増えてきた。今後は45歳以上で一人暮らし女性が増える。

ところが、そうした一人暮らしの女性のための適切な住宅というものは、これまでつくられてこなかった。一人暮らし向けの住宅は基本的には男性を念頭に置いていた。お金があればマンションを買えるが、普通の女性には無理である。だからこれまでの女性は、普通のアパートやワンルームマンションで我慢してきたのだ。
　会社でも男性向け独身寮はあっても、女子寮を持っているところはまれだ。仮に持っていても、30歳になると退去しなければならないというケースもあるようだ。時代と合っていないのである。
　国は女性の労働力を活用しようと言っているが、働く女性の住む家がまったく足りないというのが現実なのだ。そういう新しいニーズをシェアハウスが埋めてきた。女性の社会進出に対し、シェアハウスは非常に大きな役割を果たしているのだ。
　また最近は、既婚者あるいは子どもがいる女性でもシェアハウスに住んでみたいという人が多いそうだ。離別、死別した中高年にも、シェアハウスに住みたいという人が増えている。三菱総研の3万人調査「生活者市場予測システム」の2013年の結果でも、「ひとつの住宅に家族以外と共同して住む（ルームシェアやシェアハウスなど）」への関心がある人は、離別男性で7.0％、死別女性で6.6％いる。シェアハウスとは限らないが、今後同年代と共同生活をしたいかという質問では、未婚男性の12％、離別男性の9％、死別男性の11％、未婚女性の7％、離別女性の6％、死別女性の5％が関心を持っており、男性のほうが共同生活への関心は高い。
　このように今後はますますシェアハウスやシェア的な住み方への関心が老若男女に拡大し、もっと多様な住まい方が生まれていくと予想される。

シェアハウスのメリット

　シェアハウスには多くのメリットがある。
　まず、先ほど見たように、外観もインテリアも個性的で、選択の自由があるということ。飽きたら別のシェアハウスに住める。洋服のように着替えられるというメリットがある。
　第二に、エコノミー。家電、家具、食器などは揃っているのだから、衣類をスーツケースに詰めて引っ越すだけ。入居者にとって初期投資が少なくて済む。共同生活のため、水道、光熱費などは、一人当たりに換算すれば通常の単身世帯よりも安い。そうした面も今の時代にマッチしているといえる。
　第三に、当然ながらコミュニティがある。おしゃべりする仲間がいるからさびしくない。いろんな業種の、いろんな会社の、いろんな仕事をしている、いろんな趣味を持った人と出会えるから知識が増え、人生勉強にもなる。
　第四に、セキュリティ。防犯・防災上の不安が軽減される。防災面については、非常に古い建物をシェアハウスに転用している場合などは、地震が来たらつぶれるのではないか、火事になったら燃えてしまうのではないかという懸念もあるが、ソフト面についてみると、みんなで助け合うことができるので、安心感が高い。地震についていえば、木賃アパートで一人暮らしをしている高齢者のほうがよほど危険なのだから、行政はそちらの対策を先に進めたほうがよかろう。
　防犯に関しては、たとえば女性の一人暮らしの場合、ストーカー被害にあう危険もある。それもシェアハウスであれば安心できる。

それから、病気やけがをしたとき、シェアハウスに暮らしていればだれかが薬を買ってきてくれたり、食事を作ってくれたりするし、ほかの住人が会社を半休して病院まで付き添ってくれるということもあるようだ。
　このように普通の一人暮らしではできない質の高い暮らしができる。これがまさにシェアハウスの利点であろう。

シェアハウスからシェア的ライフスタイル、シェア社会、「新しい公共」へ

　シェアハウスが実現している価値は、超高齢社会化、雇用の流動化、「おひとりさま」社会化が進展していくなかで、社会全体に広がってゆくべき価値だ。これからはそれらの価値を欲する人、必要な人がさらに増えていくにちがいない。
　ただし現時点でシェアハウスが世の中に十分浸透しているかというと、決してそうではない。東京に限ってみても、シェアハウスに住んでいる人は若い女性の４％程度だ。多くの人は普通の家に住んでいるし、多くの大家さんは、自分のアパートが空き家になっても、シェアハウスにしようと考えるとは限らない。
　ただし、自分がシェアハウスに住む、自分がシェアハウスをつくるとまでは考えなくても、シェア的な考え方を生活の中に少し採り入れていくことはできるし、それによって地域社会全体が豊かになっていくことが期待できるだろう。
　時間や空間を部分的にシェアするだけでよい。あるいは、人間の

持っている資源を部分的にシェアするのでもよいのだ。たとえば、あるおばあさんが亡くなったとする。おばあさんはお茶が趣味で、家に茶室があったものの、残された家族に茶道をたしなむ人はいないとしよう。そのまま茶室を放っておいてはもったいないので、近所で茶道をする方がいたら茶室を週に2、3回使ってもらう。

あるいは、大学教授のおじいさんが亡くなった。蔵書がたくさんあるが遺族が読みたい本ではない。それならば、地域の方に書斎を週3日開放して、読書室として使ってもらい、もちろん蔵書の中に興味のある本があれば読んでもらう――そういうシェアの仕方もなかなか洒落ているのではないかと思う。

また、料理の得意なおばあさんが若い人に料理を教えるというのも、シェアの一つである。

このように、自分のできること、得意なことを、部分的でよいので地域社会に開いていくことが、これからの超高齢社会、「おひとりさま」社会においてはとても重要になっていくと私は思う。

最近はシェアオフィスもカーシェアも利用者が少しずつ増えている。住民自身が自宅などを使って運営するコミュニティカフェも増えている。また、長野県小布施市では、個人の庭を観光客に見学してもらうコミュニティガーデンを展開している。今後は、保育所や託児所なども、行政に頼らずに住民自身が協力しあって運営するケースも増えるであろう。

つまり、シェアという考え方は、まさに「新しい公共」であると私は考えている。行政に頼らなくても、市民自身が協力し合うことによって、パブリックな機能を持つことができる。これが新しい公共の考え方であり、実は政府もそうしたものがこれからの日本では大事だと考えている。民主党政権でも自民党政権でも、この点につ

いては変わらない。内閣府も力を入れているようだ。

子育てしながら働ける住まいが求められる

　私が、(株)リクルート住まいカンパニーと共同で2011年に調査した結果によると、「郊外に住み、郊外のサテライトオフィスや自宅で働く」か「都心に住み、都心のオフィスで働く」かを聞いたところ、郊外を選んだ人が45％だったのに対し、都心を選んだ人は数％しかいなかった。特に女性で郊外派が多い。つまり、女性の労働力を活かすには郊外で子育てしながら働ける環境を整備する必要があるということだ。
　また、若いときに都心部に住んでいた人が子どもの成長、増加とともに郊外に戻る傾向も若干あり、もし戻るとすれば親元近くを選ぶ可能性は高いだろう。だからおそらく、今後、郊外地域において、同じ沿線、同じ市町村内に親、子ども、孫が近居する緩やかな大家族が増えてくると私は予測している。同居する、しないは別として、家族が近くに住み、子育て、介護などをお互いに助け合えるようにするということである。
　さらに今後の「おひとりさま」化の進展を考えると、家族が助け合うだけでは不十分で、親族以外の者同士が助け合うことも必要となる。これからはそうしたコミュニティをもっと育てていかなければいけないし、企業もコミュニティを育てるビジネスを展開していこうとすると思う。
　そうしたなか、最近、私が提案しているのが「コムビニ」(コミュ

ニティのためのコンビニ）だ。学問的には「コミュニティリビング」というようである。つまり、住宅の中にリビングルームがあって、そこで家族が団らんしたり、おやつを食べたり、テレビを見たり、遊んだりするように、地域社会の中にもリビングルームのような場所をつくって、地域住民のだれもが自然と集まり、食べたり、話したり、休んだり、ちょっと遊んだりするということである。

　住民がレストランやコミュニティカフェを運営して、そこに高齢者などが集まる。また託児所があったり、小農園があったり、ドッグランがあったりする。高齢者は子どもたちが遊ぶのを眺めながら楽しく食事や談話をすることができる。また、高齢者向けにマッサージやヨガなどをするスペースをつくる。2階にはシェアハウスやシェアオフィスがあってもよい。

　私の案では、そこにコンビニエンスストアの小さいものをテナントとして入れて、ごくごく最低限の日用品を買えるようにする。だから、その場所全体としては、コミュニティのためのコンビニということで、「コムビニ」なのである。買い物に来たいが足腰の悪い人には、買い物を宅配する、人力車で送迎するなどのサービスもする。

　また、コムビニの建物は、これから郊外住宅地に増える空き家を利用すれば設置コストはあまりかからない。

住宅地に飲食、文化、癒しの場所
──松庵文庫──

　「コムビニ」に近い取組は、実際にすでに現れている。その一例が

西荻窪にある「松庵文庫」という場所である。2013年の夏にできたばかりだ。昭和初期に造られた木造文化住宅を若い夫婦が買い取り、カフェやレストランとして使ったり、ヨガやピラティスのイベントを開いたり、陶磁器や雑貨などの展示販売をしたり、いろいろなことをする場として活用している。週に一度は八百屋さんも来る。

西荻窪は90年の歴史を持つ住宅地で、80歳以上の人がたくさん暮らしている。「松庵文庫」から駅前までは高齢者だと歩いて20分はかかる。買い物に出かけて帰ってくるだけでたいへんである。だから松庵文庫のような場所が自宅の近くにできると、便利なだけでなく、生活の質もとても向上する。

また世田谷区の奥沢では、まさに古い書斎を活用した場所がある。やはり戦前に建てられた住宅の書斎を、読書空間としてシェアしているのである。実施しているのは同区のNPO組織だ。

今紹介した例は、世田谷区や杉並区のものだが、今後、団塊世代の高齢化に伴い、戦後の郊外ニュータウンにも同様の活動が必要になってくるはずだ。

自分の能力をシェアする
──UR井野団地──

茨城県取手市のUR井野団地は、高齢化が進み、居住者のコミュニティが衰退してしまった。そこでコミュニティ活性化のため、NPOに委託してさまざまな事業に取り組んでいる。その一つが、「とくいの銀行」だ。この銀行に何を貯めるかというと、お金でなくて、

自分の"得意なもの"だ。

　たとえば、私は英語を教えることができるとする。誰かに1時間教えると「1とくいの」が貯まる。また、私は料理がまったく作れないとする。そこで料理の得意なおばあさんに料理を作ってもらうと「1とくいの」を使う。かんたんに言うとそういうシステムだ。「井野」団地で「得意」なものを貯めるから「とくいの銀行」というわけである。居住者の持っている資源を部分的にシェアすることで、お互いが知り合いになり、コミュニティを活性化することができるよい手段だと思う。

賃貸マンションもコミュニティになる
──メゾン青樹・ロイヤルアネックス──

　新しいコミュニティづくりを賃貸マンションでも実践している人がいる。

　青木純氏は、大塚で「メゾン青樹・ロイヤルアネックス」という64戸の賃貸マンションを経営している。マンションを祖父から相続した直後の2011年5月には空室率が27％だった。それが今はなんと、入居待ち150人の超人気物件になった。そのノウハウをまとめた本も出版されている。

　青木氏が何をしたのかというと、入居者が自分の部屋の壁紙を選べるようにしたのである。入居者は、青木さんからアドバイスを受けながら自分の好きな壁紙を選んで、青木オーナーの負担で貼ってもらえるのである。負担といっても、汚くなった壁紙はどうせ貼り

替えるので、それにわずかにプラスするだけの負担である。むしろ入居者が、気に入った部屋に住めるので、長く住むことになり、家賃収入の安定が見込める。

　さらに青木氏は、やはりオーナー負担で入居者の希望どおりに住戸をリノベーションする、オーダーメイド賃貸も始めた。入居予定者は専門のデザイナー（夏水組の坂田夏水氏）と相談しながら、自分の住みたい家にリノベーションすることができるのだ。これだとオーナーとしてはかなりの負担だが、それでも入居者が「売ってほしい」と言ってくるほど気に入ってくれるので、長期入居が見込め、むしろ経営が安定するのである。

　また、３LDKの部屋をシェアハウスに転換するとか、ワンルームを２戸ぶちぬいて１LDKにするなど、青木氏は、さまざまなアイデアをマンションに盛り込んでいる。

　このように壁紙やインテリアを住民が自分好みに変えられるようにしたら、入居者は隣の家の壁紙を見に行きたくなるし、自分の家の壁紙を自慢したくもなるので、入居者同士の交流が生まれるようになった。

　そこで、青木氏はマンション内の空き部屋を改装し、みんながシェアして使えるコミュニティリビングをつくった。各住戸はキッチンが狭い部屋も多いので、コミュニティリビングには本格的な料理をつくれるように大きなキッチンを設置した。そうすると住民が集まってパーティをしたり、サッカー観戦もできるようになり、ますます入居者同士の交流が深まった。

　またこのコミュニティリビングは、マンション居住者以外の周囲地域住民でも、料理教室などをするために借りられるようにした。これによってマンション住民と周辺地域住民との交流も生まれ、地域

に対して開かれたマンションになることができたのである。

　さらに青木氏は、マンション内に子どもを短時間預けられる場所をつくったり、2階のオフィススペースをシェアオフィスに転換したりしている。マンションに住む女性が、子どもを育てながら仕事をしている場合、自宅と別に仕事場を借りたり、託児所を利用しなくても、マンション内で子どもを預けて働けるのである。

　通常、単身者が多く住む賃貸マンションはコミュニティがもっとも発生しにくい居住形態であり、周辺地域からもいちばん嫌がられる住まい方である。また、どうしても寝るだけの場所になりがちだった。

　ところがロイヤルアネックスは、入居者同士がまるでシェアハウスのように仲良く交流するだけでなく、働く場所、働く人を支援する場所まで用意し、しかもマンション外の地域社会にも開かれ、愛されるものになっている。オーナーの考え方次第ではすばらしいコミュニティができるということに、私も取材をするたびに驚いている。

　このように、空き家を利用し、リノベーションを行い、シェアハウスをつくったり、シェア的な場所をつくったりすることで、新しいコミュニティをつくっていくことが、これからの超高齢社会、中高年「おひとりさま」社会の日本が質の高い生活の豊かさを生み出すために絶対に必要なのである。

おわりに

　私が不動産や住宅業界の出身であることは、述べたとおりです。おかげで業界の多くの皆様と事業者にはご縁ができました。
　シェアハウスも賃貸事業ですから、同業の方々が多いと思っていました。ところが、当協会へ入会いただく皆様の履歴を伺うと、外国の金融機関や大手食品会社、ファンドマネージャーなど、様々な経歴の方がいらっしゃいます。ビジネスとしての将来性に加え、シェアハウス事業は従来の賃貸事業とは違い、色々な特徴のある物件を企画することに醍醐味を感じているようです。
　また、先輩社会人として、入居者を応援したいと考えるなど、今までの賃貸住宅の経営者とは違う感覚の経営者が多数登場しています。女性経営者が多いことも特徴です。
　シェアハウス事業は今後も変化・進化を続け、新たな特徴のある住まい方を提供できると確信しております。これまでも、様々な事業者の皆様と接することで刺激を受けてまいりました。今後も業界を大きく発展させることに全力で努力して参る所存です。
　本書をお読みいただき、事業として興味を持たれた法人や個人の方が一人でも増え、新たな方のアイデアによる個性や特徴のあるシェアハウスが各地に誕生することを願っています。これからの日本を、「住まい方」から大きく変えていきましょう！

最後に、本書の出版に賛同いただき、また編集や構成などで時にはご無理をお願いしてもいつも優しく対応いただいた住宅新報社の出版・企画グループの皆様には心から御礼申し上げます。また、協会の理事・支部長そして会員の皆様には、いつも急な取材のお願いなどでご迷惑をおかけしましたことをお詫び申し上げるとともに、感謝申し上げます。

平成 26 年 7 月

一般社団法人 日本シェアハウス協会

これからのシェアハウスビジネス

2014年8月6日 初版発行

共　著	三　浦　　　展 一般社団法人 日本シェアハウス協会
	発行者　中　野　孝　仁
	発行所　㈱住宅新報社

出版・企画グループ　〒105-0001　東京都港区虎ノ門3-11-15(SVAX TTビル)
☎ (03) 6403-7806

販売促進グループ　〒105-0001　東京都港区虎ノ門3-11-15(SVAX TTビル)
☎ (03) 6403-7805

大阪支社　〒541-0046　大阪市中央区平野町1-8-13(平野町八千代ビル)　電話 (06) 6202-8541㈹

＊印刷・製本／㈱光邦　　　　　　　　　　　　　　　　　　　　　　　　Printed in Japan
＊落丁本・乱丁本はお取り替えいたします。　　　　　ISBN978-4-7892-3653-9 C2030